"地方高校转型发展"实习实训试点系列教材
湖北省教育厅科学研究计划指导性项目(B2017186)
湖北科技学院教学研究项目(2021XB026) 资助

土地资源管理专业实习教程

TUDI ZIYUAN GUANLI ZHUANYE SHIXI JIAOCHENG

主　编　翟文侠

副主编　宋成舜　张　敏

图书在版编目(CIP)数据

土地资源管理专业实习教程/翟文侠主编. —武汉:中国地质大学出版社,2023.10
ISBN 978-7-5625-5666-4

Ⅰ.①土… Ⅱ.①翟… Ⅲ.①土地资源-资源管理-高等学校-教材 Ⅳ.①F301.2

中国国家版本馆CIP数据核字(2023)第183336号

土地资源管理专业实习教程			主　编　翟文侠
			副主编　宋成舜　张　敏
责任编辑:张玉洁	选题策划:张　琰　张晓红　张旻玥		责任校对:张咏梅
出版发行:中国地质大学出版社(武汉市洪山区鲁磨路388号)			邮政编码:430074
电　　话:(027)67883511	传　　真:67883580		E-mail:cbb@cug.edu.cn
经　　销:全国新华书店			https://cugp.cug.edu.cn
开本:787mm×1092mm 1/16		字数:170千字	印张:7.75
版次:2023年10月第1版		印次:2023年10月第1次印刷	
印刷:湖北新华印务有限公司			
ISBN 978-7-5625-5666-4			定价:39.00元

如有印装质量问题请与印刷厂联系调换

《土地资源管理专业实习教程》编委会

主　　编：翟文侠
副 主 编：宋成舜　张　敏
参编人员：韩冰华　陈　志　廖平凡　周　荔
　　　　　陈　勇　林奇胜

前 言

为了实现土地资源管理专业培养目标，编者在充分总结土地资源管理专业教学模式、内容与相关行业岗位需求的基础上，针对土地资源管理专业课程体系和学生实际情况，结合多年教学经验编写了此教材。本教材是土地资源管理专业教学体系的有机组成部分，更侧重于对学生实践技能的培养。它从实际问题出发，在指导学生解决问题的同时，帮助学生认识、理解、掌握土地资源管理专业技能，从而培养学生学以致用和适应社会发展的能力。

教材分为5章，分别为自然资源价值评估、国土空间规划整治、房地产营销策划、土地信息系统分析和实习（实训）报告撰写，其中前4章按照实习目的、实习过程、实习内容、实习成果及要求进行编写，第5章对实习（实训）报告的内容及格式要求等进行了介绍。这是一本内容完备的实用性教材，可供土地资源管理专业教学或相关人员培训使用。

在教材编写过程中，湖北科技学院各级领导给予了大力指导和帮助，在此谨表谢意！同时，感谢所有参与教材编写的老师！

由于编者能力有限，且教材涉及的专业内容较为广泛，书中疏漏之处在所难免，敬请广大读者批评指正。

编 者
2023年4月

目 录

1 自然资源价值评估 ……………………………………………………… (1)

    1.1 实习目的 ………………………………………………………… (3)

    1.2 实习过程 ………………………………………………………… (3)

    1.3 实习内容 ………………………………………………………… (6)

    1.4 实习成果及要求 ………………………………………………… (28)

2 国土空间规划整治 ……………………………………………………… (31)

    2.1 实习目的 ………………………………………………………… (33)

    2.2 实习过程 ………………………………………………………… (33)

    2.3 实习内容 ………………………………………………………… (37)

    2.4 实习成果及要求 ………………………………………………… (49)

3 房地产营销策划 ………………………………………………………… (51)

    3.1 实习目的 ………………………………………………………… (53)

    3.2 实习过程 ………………………………………………………… (53)

    3.3 实习内容 ………………………………………………………… (54)

    3.4 实习成果及要求 ………………………………………………… (83)

4 土地信息系统分析 ……………………………………………………… (89)

    4.1 实习目的 ………………………………………………………… (91)

    4.2 实习过程 ………………………………………………………… (91)

    4.3 实习内容 ………………………………………………………… (91)

    4.4 实习成果及要求 ………………………………………………… (101)

5 实习(实训)报告撰写 ………………………………………………… (103)

    5.1 目的与要求 ……………………………………………………… (105)

    5.2 实习(实训)报告内容 …………………………………………… (106)

5.3 实习(实训)报告格式要求 ……………………………………………………(107)
附录 1 国土空间规划地类划分 ………………………………………………………(110)
附录 2 国土综合整治与生态修复实施方案提纲(仅供参考)……………………(112)
主要参考文献 ……………………………………………………………………………(115)

1

自然资源价值评估

1.1 实习目的

作为"土地资源学""测量学""地籍测量""不动产估价"等系列课程教学重要的实践环节,自然资源价值评估实习旨在加深学生对相关理论知识的理解和应用,进一步培养学生的专业技能和创新能力。

首先,学生应在了解自然资源调查行业标准的基础上,熟悉相关基本概念、工作流程和成果需求,掌握自然资源调查工作的基本内容与方法,通过实地调查和测定土地及其附着物的位置、权属、范围大小、质量等级和利用类型,为土地管理、房产管理、国土空间规划、国土综合整治等提供及时、可靠的信息。

其次,针对不同类型的自然资源,学生应学会采用多元化的调查方法,并制定相应的技术路线。学生应能深入调查和研究待评估的自然资源对象,全面分析价格影响因素,设计严谨的估价思路,选择合理的估价方法,并规范撰写估价报告。通过实习,学生应熟悉自然资源估价过程中的各个环节,把所学的基本方法和理论知识与实际相结合。学生还应掌握自然资源资产核算方法,并学会编制自然资源资产平衡表、自然资源资产核算成果报告和技术报告。

最后,学生还需要掌握全站仪等测量仪器的操作,地籍调查表的填写,地籍草图、宗地图的绘制,以及界址点的测量、地籍图测绘、房屋勘测与面积测算、CASS 地籍制图、CAD 房屋制图等基本技能,并熟悉地籍测绘工作的整个流程,提高自身的实践能力和动手能力。

在整个实习过程中,学生应从多个角度拓宽自己的知识面,培养发现问题、解决问题的能力,强化业务组织能力和沟通能力,形成团队意识,严格遵守职业规范,认真负责,吃苦耐劳,通过参加实习,提升在自然资源价值评估工作中的实践及创新能力,为今后的学习和工作打下良好的基础,满足新时期经济社会发展对自然资源价值评估人才的需求。

1.2 实习过程

1.2.1 自然资源调查与估价

在实践教学过程中,教师可以以某地的自然资源为调查与估价对象,分析当地自然资源的主要用途,从而设置相应的教学场景,基于特定的教学场景设置相应的实习任务,开展以任务为导向的课程教学活动。教师通过讲解、评价的教学模式,使学生学习并掌握具有一定实用性的自然资源调查与估价技能,最终以小组为单位完成实习任务。自然资源调查与估价的实习过程及内容具体见表1-1。

表1-1 自然资源调查与估价的实习过程及内容

实习过程	实习内容
前期准备	安排实习任务
	学习办公软件、制图与数据库软件相关使用知识
	准备实习资料
	编写自然资源调查与估价工作方案、技术方案
外业踏勘	调查自然资源
	收集自然资源资料
内业整理	撰写自然资源调查与估价报告并制图

1. 前期准备

在实习正式开始前,学生应划分小组,进行实习任务的安排;学会熟练运用Office办公软件及CASS、CAD、ArcGIS等制图与数据库软件;提前准备好实习过程中所需的资料,主要是与自然资源调查相关的最新国家或地方规程、技术标准,如《土地利用现状分类》(GB/T 21010—2017)、《第三次全国国土调查技术规程》(TD/T 1055—2019)、《国土调查坡度分级图制作技术规定》(TD/T 1072—2022)等;同时做好充分的思想准备,端正态度,认真熟悉实习目的和实习内容,并在教师的指导下做好自然资源调查与估价工作方案和技术方案的编写工作。

2. 外业踏勘

外业踏勘包括教师讲解和学生实践两部分,主要目的是获得内业实践工作所需的基础数据和影像资料。学生应做到两点:一是积极努力完成实习中的任务,记录实习的详细过程,留存文字、影像等资料;二是每天都要对当天实习中获得的经验和教训进行总结。

3. 内业整理

在内业工作阶段,学生应独立或分组上机实习,在熟悉相关软件的基础上,完成规定的内业实习任务,并编写实习报告。

1.2.2 地籍测绘

地籍测绘实习过程及内容见表1-2。

表 1-2 地籍测绘实习过程及内容

实习过程	实习内容
前期准备	安排实习任务
	学习办公软件、制图与数据库软件相关使用知识
	准备实习资料
	编写地籍测绘工作方案、技术方案
	编写房屋一体化测绘工作方案、技术方案
外业踏勘	地籍测绘
	房屋一体化测绘
内业整理	撰写地籍测绘报告
	撰写房屋一体化测绘报告
	地籍测绘、房屋一体化测绘制图

1. 前期准备

学生在实习之前应掌握地籍测绘实习的目的、内容、方法、要求、步骤及注意事项，准备好实习需要的资料、工具等，以保证实习顺利进行。

（1）按小组完成实习方案的策划和实习任务的安排，做好充分的思想准备，端正态度，认真熟悉实习目的和实习内容。

（2）在教师的指导下熟练运用 Office 办公软件及 CASS、CAD、ArcGIS 等制图与数据库软件。

（3）收集整理土地及房屋权属来源资料；对人员进行分组，每组 6 人，以组为单位编写地籍测绘工作方案、技术方案；每个小组准备地籍调查表 2 张、经检验的钢尺 1 副、记录板 1 块、铅笔 1 支、小三角板 1 块。

（4）准备调查工作底图，其比例尺宜与测绘制作的地籍图成图比例尺一致，工作底图可以利用现有地籍图、土地利用现状图或近期的大比例尺地形图复制而成。无图件的地区，可在地籍子区范围内绘制所有宗地的位置关系图，形成调查工作底图。

（5）在教师指导下进行地籍测绘以及房屋一体化测绘工作方案、技术方案的编写。

2. 外业踏勘

外业踏勘包括教师讲解和学生实践两部分，主要目的是获得内业实践工作所需的基础数据和影像资料。学生应做到两点：一是积极努力完成实习任务，详细记录实习过程，留存文字、影像等资料。实习小组中 2 人定点，2 人量距，1 人记录，1 人协助，根据宗地图或其他资料确定宗地的边界和界址点的位置，并进行标记，量算界址点之间及界址点和地物点之间的距离，距离丈量应符合钢尺量距的要求。绘制宗地图、填写地籍调查表时要符合地籍调查的要求。二是每天都要对当天实习中获得的经验和教训进行总结。

在外业踏勘期间，学生应遵守实习纪律，听从指导教师指挥，注意个人安全，遵守学校的规章制度，不得无故缺勤，不可擅自改变指导教师指定的实习地点和实习任务；爱护测量仪器及工具，注意检查仪器设备箱、仪器的状态，如有遗失或者损坏，及时报告指导教师，查明原因并及时处理；培养独立测绘能力和严谨态度，团队协作时分工明确、合理，组员轮流施测，发扬互助合作精神。

外业踏勘完毕后，由指导教师审阅外业成果，符合要求后才能结束外业工作。

3. 内业整理

在内业工作阶段，学生独立或分组上机实习，在熟悉相关软件的基础上，完成规定的内业实习任务，并编写实习报告。

1.3 实习内容

1.3.1 自然资源调查

自然资源调查包括对土地、矿产、水、森林、草原、湿地、自然保护地等资源的调查，其中土地资源调查对土地资源管理专业极为重要，下面以土地利用现状调查为例说明调查内容。

1.3.1.1 外业调查

1. 土地利用现状及权属调查

学生选择特定城镇或村庄作为典型代表区域，以行政区为基本单元，参考国家、省或市统一调查工作底图，实地调查每块图斑的地类、位置、范围、面积等利用状况，查清行政区内的耕地、园地、林地、草地、城镇用地、农村居民点、工矿用地、水域及水利设施用地和其他土地的数量、分布及质量状况。

2. 城镇、村庄内部专项调查

学生借助地方自然资源部门的地籍调查和不动产登记资料，进行土地利用现状细化调查，查清城镇、村庄内部商业服务业用地、工业用地、住宅用地、公共管理与公共服务用地和特殊用地等地类的利用状况。可以进行以下三项实习任务。

（1）耕地细化调查。对河道或湖区范围内的耕地，林区范围内林场职工自行开垦的耕地，牧区范围内过度开垦的耕地，受荒漠化、沙化影响的退化耕地和石漠化耕地等开展细化调查，分类标注，初步掌握耕地数量、质量、生态"三位一体"的调查方法。

（2）批准未建设的建设用地调查。调查城区或开发区批准用地范围内未建设土地的实际利用状况，进行土地节约集约利用评价。

（3）永久基本农田调查。调查乡村永久基本农田范围内实际土地的利用状况。

1.3.1.2　内业整理

通过土地利用现状调查，可获得区域土地利用现状信息，形成一整套国土调查成果资料，包括图件成果、数据库与数据成果及文字成果。

1. 图件成果

图件成果包括：土地利用现状图件；土地权属界线图件；城镇、村庄土地利用现状图件；耕地坡度分级等专题图件；耕地细化调查、批准未建设的建设用地调查、耕地分等定级等专项调查的专题图件；图幅理论面积与控制面积接合图表。

2. 数据库与数据成果

数据库与数据成果包括：土地利用现状调查数据库；各类土地分类面积数据；各类土地权属信息数据；耕地坡度分级面积数据；耕地细化调查、批准未建设的建设用地调查、耕地分等定级等专项调查数据；图幅理论面积与控制面积接合图表数据。

3. 文字成果

文字成果包括：土地利用现状调查工作报告；土地利用现状调查技术报告；土地利用现状调查数据库建设报告；土地利用现状调查成果分析报告；城镇、村庄土地利用状况分析报告；耕地细化调查、批准未建设的建设用地调查、耕地分等定级等专项调查成果报告；土地利用现状调查实施方案。

1.3.2　自然资源估价

通过实习，学生应掌握自然资源经济价值评估和生态价值评估的方法，为将来从事相关工作打下基础。

1.3.2.1　自然资源经济价值评估

自然资源经济价值评估有三种方法：市场法、成本法和收益法。

1. 市场法估价

通过实习，学生应做到以下四点：一是明确对土地、矿产、水、森林、草原、湿地、自然保护地等不同类别的自然资源应该分别选择哪些比较因素；二是熟悉市场法估价的原理、应用领域、基本程序、估价对象及条件；三是熟悉交易案例调查表设计；四是掌握 Excel 表格的基本操作，能够用 Excel 表格制作市场法估价计算模板。

1）收集可比实例

学生应通过市场调查搜集尽可能多的交易实例，在此基础上，进一步选取与估价对象处于同一供需圈、具有较强相关性或替代性且属近期交易的 3~5 个类似实例作为参照物。

2）数据处理

学生将估价对象与参照物比较分析后，应进行交易情况修正、交易日期修正、区域因素修正及个别因素修正等，同时制作评估项目比较因素条件系数表、因素比较修正系数表，并综合以上因素修正分数，确定可比实例的修正系数，最后根据市场法公式计算估价对象的比准价格。计算公式如下：

比准价格＝交易实例价格×交易情况修正系数×交易日期修正系数×区域因素修正系数×个别因素修正系数 (1-1)

对于不同用途的估价对象，要设计不同的比较因素，这样才能保证估价的准确性。

3）成果要求

学生应按照国家或行业最新标准要求，出具估价成果报告和技术报告，确保其内容完整、排版美观、步骤清晰、结果合理。

2．成本法估价

通过实习，学生应掌握成本法估价的原理、应用领域、基本程序、估价对象及条件要求，以及项目成本和折旧的计算，并学会用 Excel 表格制作成本法估价计算模板，计算自然资源重置价格。

1）数据处理

运用成本法求取自然资源重置价格，即以取得成本、开发费用、利息和利润各项之和为基础，通过实地查看并结合年限修正系数、位置修正系数和增值收益计算得出估价对象价格。

在实际工作中，成本法估价的计算非常复杂，基本公式如下：

自然资源重置价格＝（取得成本＋开发费用＋利息＋利润）×年限修正系数×（1＋位置修正系数）＋增值收益 (1-2)

2）成果要求

学生应按照国家或行业最新标准要求，出具估价成果报告和技术报告，确保其内容完整、排版美观、步骤清晰、结果合理。

3．收益法估价

通过实习，学生应掌握收益法估价的原理、应用领域、基本程序、估价对象及条件，以及净收益的计算、折现率的计算、收益法公式的选择，并学会用 Excel 表格制作收益法估价计算模板，计算项目收益价格。

1) 数据处理

收益法估价思路如下：收集并验证有关租金数据，获得评估对象正常的年平均租金水平；收集营业收入、收益年限、折现率和成本费用等市场资料，计算评估对象的年管理费、年维修费、年保险费、税金等扣除项目；预测未来各期的潜在毛收入及客观完置率，估算有效毛收入；在估算正常运营费用的基础上计算评估对象的年平均净收益，净收益的取值要考虑有形收益和无形收益、实际收益和客观收益，收益法采用的净收益应是估价对象未来的净收益，而不是历史净收益或当前净收益；选择适当的折现率（资本化率）及测算的收益年限，运用适宜的收益法计算估价对象的收益价格，不管采用何种净收益流模式、报酬率、收益年限及收益公式，一定要有足够的理由。收益价格计算公式如下：

$$V = \frac{a}{r} \times \left[1 - \frac{1}{(1+r)^n}\right] \quad (1-3)$$

式中：V 为收益价格（元/m²）；a 为年净收益价格（元/m²）；r 为资本化率（%）；n 为未来可获收益的年限。

2) 成果要求

学生应按照国家或行业最新标准要求，出具估价成果报告和技术报告，确保其内容完整、排版美观、步骤清晰、结果合理。

1.3.2.2 自然资源生态价值评估

下面以林地生态价值评估为例，说明自然资源生态价值评估的实习内容。林地生态价值评估是对生态系统服务价值量的评估。林地生态系统服务是指人类从林地生态系统中获得的各种惠益，包括生态系统支持服务、调节服务、供给服务、文化服务。

1. 资料收集

(1) 调查、收集的有关资料应按实地位置标注于估价工作底图上，并填入相应的调查表格，建立资料数据库。

(2) 调查以级别或均质区域为单位进行。

(3) 样本应具代表性，且原则上应均匀分布。

(4) 样本选取应采用分类不等比抽样，样本数应符合数理统计要求，每级样本总数原则上不少于30个；样本总数不足30个的，应进行全样本调查。

(5) 对于所选样本，最好能够同时获得其生态效益资料和相对应的权利条件、利用条件资料。

(6) 林地资源生态效益资料应至少包含近两年的数据。

(7) 林地生态价值以万元为单位，精确到小数点后一位。

2. 资料整理

整理资料时，应首先剔除不符合填报要求和数据明显偏离正常值的样本，再将初步审查合格的样本资料分别按级别或均质区域、用途等进行归类。样本数量不符合数理统计要求的，应进行补充调查。

3. 评估方法

1）生态保护补偿价值法

生态保护补偿是指对生态环境或生态系统保护贡献者进行补偿。它一般包括两方面内容：一是对个人或区域在保护生态系统和环境方面投入的成本或因放弃发展机会而遭受的损失进行经济补偿；二是对具有重大生态价值的区域或保护对象进行保护性投入。

生态保护补偿费用计算公式如下：

$$P = V \times \alpha \quad (1-4)$$

式中：P 为生态保护补偿费用（万元）；V 为生态系统服务价值（万元）；α 为生态保护补偿系数。

对生态系统服务价值进行评估时，可根据林地生态系统的特点、生态系统服务的重要性，以及资料的可获取性和可靠性，选择服务功能指标，构建生态系统服务价值评估指标体系，并进行量化。常用评估方法包括直接市场法、替代市场法或模拟市场法。

生态保护补偿系数应结合区域的经济发展水平、支付能力、生态环境重要程度、生态区位等综合确定。

2）生态环境损害赔偿价值法

生态环境损害赔偿是指若人类在自然资源的开发利用活动中，对生态系统造成干扰，引起生态系统或生态因子中的某些要素发生变化，进而导致生态功能下降及生态系统服务价值损失，则由责任方进行补救或补偿。

生态环境损害赔偿费用计算公式如下：

$$P = P_1 + P_2 + P_3 + P_4 \quad (1-5)$$

式中：P 为生态环境损害赔偿费用；P_1 为消除或减轻损害等措施产生的费用，包括应急处理费和污染清理费等；P_2 为生态修复费用，是为恢复生态系统服务功能而发生的客观费用；P_3 为因生态环境损害造成的直接损失费用；P_4 为其他费用，指为开展生态环境损害评估而支出的监测、试验等相关合理费用及政府规定的其他惩罚性赔偿。以上各项均以万元为单位。

1.3.3 地籍测绘

地籍测绘包括地籍控制测量、界址点测量、权属调查、农村房屋调查、地籍图测绘等几个方面。

1.3.3.1 地籍控制测量

地籍控制测量是根据地籍图和界址点测量的精度要求，考虑测区范围大小、测区内现有控制点数量和等级情况，按照控制测量的基本原则进行技术设计、选点、埋石、野外观测、数据处理等工作。

1. 基本要求

1）地籍控制测量的分类

地籍控制测量分为地籍基本控制测量和地籍图根控制测量两种。

地籍基本控制测量：可采用三角网（锁）、测边网、导线网和 GPS 相对定位测量网进行施测。施测的地籍基本控制网点分为一、二、三、四等。精度高的控制网点可作为精度低的控制网点的起算点。

地籍图根控制测量：当测区的控制点不能满足大比例尺测图的需求时，应布设适当数量的地形控制点用于测图控制。在等级地籍基本控制测量的基础上，地籍图根控制测量主要采用导线网和 GPS 相对定位测量网施测，施测的地籍图根控制网点分为一、二级。

2）地籍控制测量的精度

地籍控制测量的精度是以界址点的精度和地籍图的精度为依据而制定的。根据不同的施测方法，各等级地籍基本控制网点的主要技术指标如表 1-3～表 1-5 所示。

表 1-3 各等级三角网的主要技术规定

等级	平均边长/km	测角中误差/(″)	起始边边长相对中误差	导线全长相对闭合差	水平角观测测回数			方位角闭合差/(″)
					DJ_1	DJ_2	DJ_3	
二等	9	±1.0	1/300 000	1/120 000	12			±3.5
三等	5	±1.8	1/200 000（首级）	1/80 000	6	9		±7.0
			1/120 000（加密）					
四等	2	±2.5	1/120 000（首级）	1/45 000	4	6		±9.0
			1/80 000（加密）					
一级	0.5	±5.0	1/60 000（首级）	1/20 000		2	6	±15.0
			1/45 000（加密）					
二级	0.2	±10.0	1/20 000	1/10 000		1	3	±30.0

3）地籍控制点埋石的密度

开展地籍测量工作，不仅要测绘地籍图和界址点坐标，而且要频繁地对地籍资料进行变更。因此，地籍控制点的密度与测区的大小、测区内的界址点总数和界址点精度有关，地籍控制点最小密度应符合《城市测量规范》（CJJ/T 8—2011）的要求。地籍控点的密度与测图比例尺无直接关系,这是因为在一个区域内,界址点的总数、要求的精度和测图比例尺都是固定的,必须优先考虑要有足够的地籍控制点来满足界址点测量的要求,再考虑测图比例尺所要求的控制点密度。地籍控制点埋石的密度同样遵循以上原则。

表 1-4 各等级 GPS 相对定位测量的主要技术规定(一)

等级	平均边长/km	GPS 接收机性能	测量项目	接收机标称精度优于/mm	同步观测接收机数量/台
二等	9	双频(或单频)	载波相位	$10+2×10^{-6}$	≥2
三等	5	双频(或单频)	载波相位	$10+3×10^{-6}$	≥2
四等	2	双频(或单频)	载波相位	$10+3×10^{-6}$	≥2
一级	0.5	双频(或单频)	载波相位	$10+3×10^{-6}$	≥2
二级	0.2	双频(或单频)	载波相位	$10+3×10^{-6}$	≥2

表 1-5 各等级 GPS 相对定位测量的主要技术规定(二)

项目	等级				
	二等	三等	四等	一级	二级
卫星高度角/(°)	≥15	≥15	≥15	≥15	≥15
有效观测卫星总数/个	≥6	≥4	≥4	≥3	≥3
时段中任一卫星有效观测时间/min	≥20	≥5	≥5		
观测时段数/个	≥2	≥2	≥2		
观测时段长度/min	≥90	≥10	≥10		
数据采样间隔/s	15~60	15~60	15~60		
卫星观测值象限分布	3 或 1	2~4	2~4	2~4	2~4
点位几何图形强度因子	≤8	≤10	≤10	≤10	≤10

为满足日常地籍管理的需要,在城镇地区,应对一、二级地籍控制点全部埋石。在通常情况下,地籍控制点的密度如下:①城镇建成区——每 100~200m 布设二级地籍控制;②城镇稀疏建筑区——每 200~400m 布设二级地籍控制;③城镇郊区——每 400~500m 布设一级地籍控制。

旧城居民区内巷道错综复杂,建筑物多而乱,界址点非常多,在这种情况下应适当地增加控制点和埋石的密度,以满足地籍测量的需求。

4) 地籍控制点点之记和控制网略图

地籍控制点若需要永久性保存,就必须在地上埋设标石(或标志)。基本控制点的标石往往埋设在地表之下(称暗标石),不易被发现。一、二级地籍控制点的标石大部分被埋设在地表之下,在地表仅留有很少一部分(约 2cm 高)。为了便于今后寻找、应用控制点,必须在实地选点埋石后,对每一控制点填绘一份点之记。所谓点之记,一般来说,就是用图示和文字描述控制点位与四周地形和地物之间的相互关系,以及点位所处地理位置的文件。

为了更好地了解整个测区地籍控制网点分布情况,检查控制网布网的合理性和控制点分布等情况,必须绘制测区控制网略图。控制网略图就是在一张标准计算用纸(方格纸)上,选择适当的比例尺(以能将整个测区画在其内为原则),按控制点的坐标值将控制点直接展绘在纸上,然后用不同颜色或不同线型的线条画出各等级的网形。控制网略图要做到随测随绘,也就是当完成某一等级控制测量工作后,立即按点的坐标展出,再用相应的线条连接,这样不断地充实,待地籍控制测量工作完成后,控制网略图也相应地完成。

2. 坐标系

凡是用来确定地面点的位置和空间目标的位置所采用的参考系都称为坐标系。由于使用目的的不同,所选用的坐标系也不同。与地籍测量密切相关的坐标系有大地坐标系、高斯平面直角坐标系和高程系。

1) 大地坐标系

大地坐标系是以参考椭球面为基准的,它有两个参考面:一个是通过英国格林尼治天文台与椭球短轴(即旋转轴)所作的平面(即子午面),称为起始子午面(如图 1-1 中的 P_1GP_2 平面),它与椭球表面的交线称为子午线;另一个是过椭球中心 O 与短轴相垂直的平面,即 Q_1EQ_2 平面,称为赤道平面。

过地面点 P 的子午面与起始子午面之间的夹角,称为大地经度,用 L 表示,并规定以起始子午面为起算,向东量取为东经(正号),其经度范围是 $0°\sim +180°$;向西量取为西经(负号),其经度范围是 $-180°\sim 0°$。地面点 P 的法线(过 P 点与椭球面相垂直的直线)与赤道平面的交角,称为大地纬度,用 B 表示,并规定以赤道平面为起算,向北量取为北纬(正号),其纬度范围是 $0°\sim +90°$;向南量取为南纬(负号),其纬度范围是 $-90°\sim 0°$。地面点 P 沿法线方向至椭球面的距离,称为大地高,用 h 表示。例如 $P(L,B)$ 表

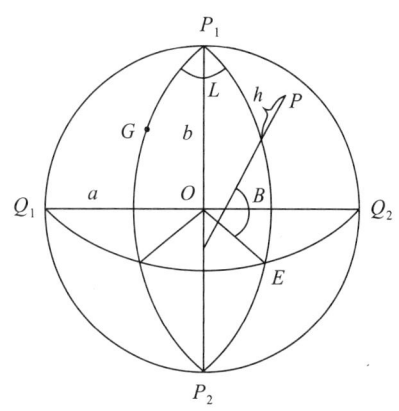

图 1-1 大地坐标系

示地面点 P 在椭球上投影点的位置,而 $P(L, B, h)$ 则表示地面点 P 在空间的位置,见图 1-1。

2) 高斯平面直角坐标系

将旋转椭球当作地球的形体,球面上点的位置可用大地坐标 (L, B) 来表示。球面是不可能没有任何形变而展开成平面的,而在地籍测量中,如地籍图,往往需要用平面表示,因此就存在如何将球面上的点转换到平面上去的问题。解决的方法就是通过地图投影方法将球面上的点投影到平面上。地图投影的种类很多,地籍测量主要选用高斯-克吕格投影(简称高斯投影),以高斯投影为基础建立的平面直角坐标系称为高斯平面直角坐标系。

(1) 高斯投影带的划分。

为防止投影过程中线段和图形发生较大变形而使地籍图失真,一般采用分带投影法,即把投影范围限制在中央子午线两旁的狭窄区域内,其宽度为 6°、3°或 1.5°。该区域被称为投影带。如果测区边缘超过该区域,就使用另一投影带。国际上统一的分带方法是自起始子午线起,向东每隔 6°分为一带,称为 6°度带,按 1,2,3,…顺序编号(即带号)。各带中央子午线的经度 L_0 按下式计算,即 $L_0 = 6 \times N - 3$,式中 N 为带号。经差每 3°分为一带,称为 3°带。它是在 6°带基础上划分的,就是 6°带的中央子午线和边缘子午线均为 3°带的中央子午线。3°带的带号是自东经 1.5°起,每隔 3°按 1,2,3,…顺序编号,各带中央子午线的经度 L_0 与带号 N 的关系式为 $L_0 = 3 \times N$。

若某城镇地处两相邻带的边缘,也可取城镇中央子午线为中央子午线,建立任意投影带,这样可避免一个城镇横跨两个带,也可减少长度变形的影响。

每一投影带均有自己的中央子午线、坐标轴和坐标原点,形成独立但又相同的坐标系统。为了确定点的唯一位置并保证 Y 值始终为正,规定在点的 Y 值(自然值)上加 500km,再在它的前面加写带号。例如,某控制点的坐标(6°带)为 $X = 47\,156\,324.536$m,$Y = 21\,617\,352.364$m,根据上述规定可以判断该点位于第 21 带,Y 值的自然值是 117 352.364m,为正数,该点位于 X 轴的东侧。

分带投影限制了线段投影变形的程度,但却带来了投影后带与带之间不连续的问题。同一条公共边缘子午线在相邻两投影带的投影向相反方向弯曲,因此,位于边缘子午线附近、分属两带的地籍图就拼接不起来。为了弥补这一缺陷,规定在相邻带拼接处要有一定宽度的重叠:以带的中央子午线为准,每带向东加宽经差 30′,向西加宽经差 7.5′,相邻两带就有经差为 37.5′的重叠部分。位于重叠部分的控制点应具有两套坐标值,分属东带和西带,地籍图、地形图上也应有两套坐标格网线,分属东、西两带。这样,在地籍图、地形图的拼接和使用,控制点的互相利用以及跨带平差计算等方面将更为方便。

在测量工作中,总是把直接测得的边长首先归算到参考椭球面上,然后投影到高斯投影平面上去,投影过程会产生变形,这种变形有时会达到不能允许的程度,特别是在进行大比例尺的地籍图测绘工作时，必须考虑这一问题。假如地面上 A、B 两点平均高程为 H_m，平均水平距离为 S_m，归算到参考椭球面所产生的变形大小上，可以用式（1-6）计算：

$$\Delta S = -\frac{H_m}{R}S_m + \frac{H_m^2}{R^2}S_m + \frac{S_0^2}{24R^2} \quad (1-6)$$

式中：R 为平均曲率半径（m）；S_0 为两点投影到参考椭球面上的弦长（m）。

式（1-6）右端前两项是当地面距参考椭球面有一定的高度（即 $H_m \neq 0$）时产生的变形。H_m 越大，变形也越大，所以在高原地区进行测量工作时要特别重视这种变形的影响。右端第三项是由地球曲率引起的。例如，某两点平均高程为 $H_m = 500$m，平均水平距离为 $S_m = 1000$m，计算得：

$$\Delta S = -78.5\text{mm} + 0.006\text{mm} + 0.001\text{mm} = -78.493\text{mm}$$

参考椭球面上 A、B 两点的长度投影到高斯平面上所产生的变形，用式（1-7）计算：

$$\Delta S = \frac{1}{2}\left(\frac{Y_m}{R}\right)^2 \times S \quad (1-7)$$

式中：Y_m 为两点横坐标（自然值）的平均值（m）；R 为平均曲率半径（m）；S 为两点（长度）归算到参考椭球面上的长度（m）。

由式（1-7）可知，线段离中央子午线愈远（即 Y_m 愈大），所产生的变形愈大。

(2) 平面坐标转换。

坐标转换是指某点位置由一坐标系的坐标转换成另一坐标系的坐标的换算工作，也称为换带计算。它包括 6°带与 6°带之间、3°带与 3°带之间、3°带与 6°带之间以及 3°（6°）带与其他任意投影带之间的坐标转换。

坐标转换计算利用高斯正、反算公式（即高斯投影函数式）进行。具体做法：先根据点的坐标值 (X, Y)，用投影反算公式计算出该点的大地坐标值 (L, B)，再应用投影正算公式将大地坐标值 (L, B) 换算成另一投影带的坐标值 (X', Y')。

3) 高程系

通常情况下，地籍测量的地籍要素是用二维坐标表示的，不必测量高程。在某些情况下，根据本地实际情况，有时要求在平坦地区测绘一定密度的高程注记点，或者要求在丘陵地区和山区的城镇地籍图上标示等高线，以便使地籍成果更好地为经济建设服务。

1987 年 5 月，我国测绘主管部门发布通知，决定启用"1985 国家高程基准"，以黄海平均海水面为高程起算面，起算点高程为 $H_0 = 72.260$m。

4) 地籍测量平面坐标系的选择

(1) 北京坐标系。

经过几十年的努力，目前我国已建立北京坐标系和全国大地控制网点，在开展地籍测量工作时,应尽可能加以利用。使用国家统一坐标系有如下优点。

①统一坐标系有利于地籍测量成果共享,使地籍测量不仅能为地籍管理奠定基础,而且能为城市规划、工程设计、土地整理、管道建设等多种用途提供服务。如果坐标系不统一,则其应用价值会降低。

②统一坐标系有利于图幅正规分幅,图幅拼接、接合、使用,以及各种比例尺图幅的编绘。

③统一坐标系有利于自然资源、规划、房地产等各部门之间的合作,这将加快地籍测量的进度,提高效益,节约经费。

一般情况下,城镇地籍测量和土地资源调查应使用北京坐标系;农村地区的地籍测量精度要求较低,可在现有国家各等级的大地控制网点的基础上加密地籍控制网点。

（2）城市坐标系。

在城镇地区,应尽可能利用已有的城市坐标系和城市控制网点来建立当地的地籍控制网点。这些控制网点一般都与国家控制网点进行了联测,并且有坐标变换参数。

在一些小城镇可能没有控制网点,则应以投影变形值小于 2.5cm/km 为原则建立坐标系和控制网点,并与国家控制网点联测。面积小于 $25km^2$ 的城镇,可不经投影直接建立平面直角坐标系,并与国家控制网点联测。如果不具备与国家控制网点联测的条件,则可以用下面三种方法来建立独立坐标系。

①将国家控制网中的某一点坐标作为原点坐标,某边的坐标方位角作为起始方位角。

②从中、小比例尺地形图上用图解方法量取国家控制网中一点或一明显地物点的坐标并将其作为原点坐标,量取某边的坐标方位角并将其作为起始方位角。

③假定起始点坐标,将某边的坐标方位角作为起始方位角。

（3）任意投影带独立坐标系。

当测区地处投影带的边缘或横跨两带时,长度投影变形一定较大,或测区内存在两套坐标,这将给使用造成麻烦,这时应该选择测区中央某一子午线作为投影带的中央子午线,由此建立任意投影带独立坐标系。这既可使长度投影变形小,又可使整个测区处于同一坐标系内,有利于提高地籍图的精度,同时便于地籍图的拼接使用。

（4）独立平面直角坐标系。

在不具备经济实力,又要快速完成本地区的地籍调查和测量工作时,可考虑建立独立平面直角坐标系,建立方法如下。

①起始点坐标的确定。

a. 在图上量取起始点平面坐标。先准备一张 1∶1 万（或 1∶2.5 万）的地形图,在图上标绘出所要进行地籍测量的区域。在此区域内选择适当的特征点,例如主要道路交叉点或某一固定地物作为起始待定点,然后对实地进行勘察,确定可行后,做好长期保存的标志,并给予编号。回到室内后,在地形图上量取该点的纵横坐标作为首级控制网的起始点坐标。

b. 假定坐标法。如果在地籍测量区域搜集正规分幅的地形图有困难,也可直接假定起始点坐标。例如,计划施测九峰乡全乡宅基地地籍图,以便核发土地使用证,经研究确定采用独立坐标系。在实地踏勘后,认为该区域西南角之水塔作为坐标起始点较为合适,并令它的坐标值为 $x=1\,000.00$,$y=2\,000.00$。数值是任意假定的,但必须注意,用它发展该地区的控制点和界址点,应不使其坐标出现负值。

c. 采用交会或插点的方法确定原点坐标。在施测农村居民地地籍图时,一般使用岛图形式,并不要求大面积拼接。因此,当本地无起始点,而在几千米范围内找得到大地控制点时,可采用交会或插点的方法确定一点的坐标,做好固定标志后,用它作为该地独立坐标系的起始点,这样既经济又简便。

②起始方位角的确定。

由坐标计算基本原理可知,当假定了一点的坐标后,还必须有一个起始方位角和一条起始边,方能发展新点,进行局部控制测量。起始边长用红外测距仪或钢尺测量,而方位角可由以下两种方法确定。

a. 量算方位角。在准备好的地形图上标出起始点 A 和第一个未知点 B,用直线连接两点,过 A 点作坐标纵线,将透明量角器置于其上,测出其夹角 α_{AB} 即可。

b. 磁方位角计算法。在起始点 A 设置带有管状罗针的经纬仪(或罗盘仪),按有关测量学教材中介绍的方法测出磁北 M 至 B 点的磁方位角 m,然后按式(1-8)计算出方位角 α:

$$\alpha = m + \delta - \gamma - \Delta\gamma \qquad (1-8)$$

式中:δ 为磁偏角,可从地磁偏角等线图上查取;γ 为子午线收敛角,可用该地的经纬度计算;$\Delta\gamma$ 为罗针改正数,用作业罗针与标准罗针比较而得,当定向角的精度要求不高或罗针磁性较强时可省略此项。

3. 基本方法

1) 利用 GPS 定位技术布设城镇地籍基本控制网

若已有控制网的控制范围和精度不能满足要求,则需要利用 GPS 定位技术对其进行改造,并将改造后的控制网作为地籍控制网。

(1) 随着 GPS 定位技术的不断完善,其测绘精度、测绘速度和经济效益都大大地优于目前的常规控制测量技术,GPS 定位技术可作为地籍控制测量的主要手段。

(2) 对于边长小于 8km 的二、三、四等基本控制网和一、二级地籍控制网的 GPS 基线向量,都可采用 GPS 快速静态定位的方法。试验分析与检测证明,应用 GPS 快速静态定位方法施测一个点的时间,一般为几十秒到几分钟,最多十几分钟,精度可达到 1~2cm,完全可以满足地籍控制测量的需求,可以成倍地提高经济效益。

(3) 利用 GPS 定位技术布设城镇地籍控制网时,应与已有的控制点进行联测,联测的控制点不能少于 2 个。

2) 利用已有城镇基本控制网

(1) 凡符合国家相关测绘标准要求的二、三、四等城市控制网点和一、二级城市控制网点都可利用。

(2) 对已布设二、三、四等城市控制网而未布设一、二级控制网的地区，可以以其为基础，加密一级或二级地籍控制网。

(3) 对已布设一级城市控制网的地区，可以以其为基础，加密二级地籍控制网。

(4) 在利用已有控制成果时，应对所利用的成果有目的地进行分析和检查。在检查与使用过程中，若发现有过大误差，应进行分析，对有问题的点（存在粗差、点位移动等）可避而不用。

3) 二级导线地籍控制网的布设

目前各大中城市所建立的质量良好的城市控制网，基本能满足建立地籍控制网的需求，可直接在城市控制网的基础上进行一、二级地籍控制测量。城镇地籍控制测量应用光电测距导线布设，其布设规格和技术指标见表1-6。

表1-6 光电测距导线的布设规格和技术指标

等级	平均边长/km	附合导线长度/km	每边测距中误差/mm	测角中误差/(″)	导线全长相对闭合差	水平角观测测回数		方位角闭合差/(″)	距离测回数
						DJ$_2$	DJ$_6$		
一级	0.3	3.6	±15	±5.0	1/14 000	2	6	±10$\sqrt{n}$	2
二级	0.2	2.4	±12	±8.0	1/10 000	1	3	±16$\sqrt{n}$	2

注：n为导线的角度个数。

4) 图根控制测量

(1) 图根地籍控制网的布设。

城镇地籍测绘中控制网的布设，重点是保证界址点坐标的精度。界址点坐标的精度有了保证，地籍图的精度自然也就得到了保证。目前，一、二级导线的平均边长都在100m以上，通过这样的控制点密度来测定复杂、隐蔽居民地的界址点，势必要做大量的过渡点（多为支导线形式），不但工作量大、作业率低，界址点坐标的精度也不能保证。因此，经济且可靠的方法是在布网时增加控制点的密度。可在二级导线以下，根据实际需要布设适合的图根导线。图根导线的测量方法有闭合导线法、附合导线法、无定向附合导线法、支导线法等。在首级控制许可的情况下，应尽可能采用闭合导线和附合导线；但如果控制点遭到破坏，不能满足要求，可考虑布设无定向附合导线和支导线。表1-7提供了两个等级的图根导线的技术参数，作业时可选用其中的一个。

测量图根导线的边长时，应充分考虑复杂居民点的实际情况，以便在控制点上能够直接测到界址点。对于特别隐蔽的地方，界址点与控制点的距离也应约束在较短的范围内。

表 1-7 图根导线技术参数表

等级	平均边长/m	附合导线长度/km	测距中误差/mm	测角中误差/(″)	导线全长相对闭合差	水平角观测测回数		方位角闭合差/(″)	距离测回数
						DJ_2	DJ_6		
一级	100	1.5	±12	±12	1/6000	1	2	$±24\sqrt{n}$	2
二级	75	0.75	±12	±20	1/4000	1	1	$±40\sqrt{n}$	1

注：n 为导线的角度个数。

(2) 无定向导线的应用。

在日常地籍工作中，一些地籍要素需要经常测绘。当城镇原有的地籍控制点被严重破坏时，很难找到两个能相互通视的点，如果在加密控制点时仍然采用附（闭）合导线或支导线，势必会增加费用，延长测绘时间，难以满足及时变更地籍测绘信息的要求。布设无定向导线与布设其他种类的导线相比，存在精度难以估算、检核条件少等问题，故在一些测绘规范中并未作为一种加密方法被提及。随着测角、测距技术和仪器的发展，在满足一定条件的情况下，也可布设无定向导线。

在应用无定向导线时要求注意如下 5 个方面。

①要对高级点作仔细检测，确认点号正确、点位未动时方可使用无定向导线。

②应采用高精度仪器作业。

③无定向导线中无角度检核，因此在进行角度观测时应特别认真仔细。一般说来，转折角应盘左和盘右观测，距离应往返测，并保证误差在相应的限差范围内。

④无定向导线有一个检核条件：对于相似比 M，规定 $|1-M|<10^{-4}$ 时，无定向导线才是合格的。

⑤应采用严密平差软件或近似平差软件对无定向导线进行平差计算，软件中最好有先进的可靠性分析功能。

(3) 支导线的应用。

在实际工作中，支导线的应用非常普遍。在一些较隐蔽处，支导线的边数可能达到 3 条或更多。由于缺乏检核条件，支导线出现粗差和较大误差也不能及时发现，会造成返工，给工作带来损失，因此，应加强对支导线的检核，采取一些措施来保证支导线的精度，进而保证界址点的测量精度。支导线的检核方法有如下 3 种。

①闭合导线法。

如图 1-2 所示，M、N、Q 为已知点，为求出界址点 B 的坐标，首先要求出 A 点的位置。P_1、P_2、P_3、P_4、P_5 为只起连接作用的导线点，且 P_1 与 P_2、P_4 与 P_5 的距离很近。导线点观测顺序为 M、P_1、P_2、P_3、P_4、P_5、A，类似闭合导线的观测方法，但又与闭合导线的观测顺序不同。当观测结束后，按闭合导线 M、P_1、P_3、P_5、A、

P_4、P_3、P_2、M 计算。这时 P_3 可以得到两组坐标，起到检核作用。然后根据 A 的坐标可以很方便地求出界址点 B 的坐标。这种方法虽然增加了一点外业工作量，但较好地解决了位于隐蔽处界址点的施测问题，同时导线点也得到了检核和精度保证。

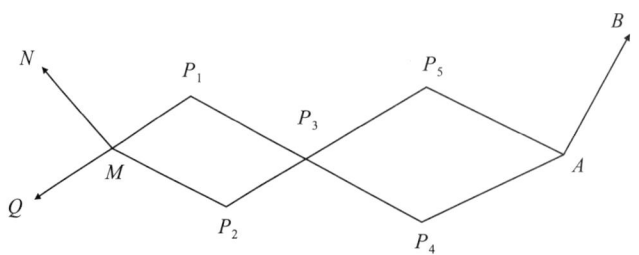

图 1-2 闭合导线法图示

②利用高大建筑物检核。

高大建筑物，如烟囱、水塔上的避雷针和高楼顶上的共用天线等，在地籍控制测绘中有很好的控制价值。作业时，高大建筑物的交会随首级地籍控制一次性完成，这样做工作量增加不多。用角度交会法求出高大建筑物上避雷针等的平面位置后，即可按下面的方法检核支导线。

如图 1-3 所示，M、N、Q 为已知点，B 为高大建筑物上的避雷针，且平面位置已知。为了求出 A 点的坐标，并观测 β_4，根据测得的角度和边长计算各导线点坐标。

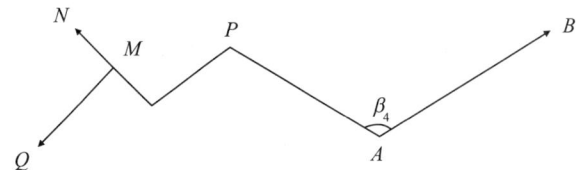

图 1-3 利用高大建筑物检核支导线

设 P 点坐标为 (X_P, Y_P)，B 点坐标为 (X_B, Y_B)，分别用式（1-9）和式（1-10）求 AP 和 AB 边的坐标方位角：

$$\alpha_{AP} = \arctan(Y_P - Y_A)/(X_P - X_A) \tag{1-9}$$

$$\alpha_{AB} = \arctan(Y_B - Y_A)/(X_B - X_A) \tag{1-10}$$

设 $\beta_4' = \alpha_{AP} - \alpha_{AB}$，$\beta_4'$ 与观测值 β_4 比较，当 $|\beta_4' - \beta_4|$ 小于限差时，成果可以采用。该法能够发现观测和计算中的错误，起到了检核支导线的作用。

③双观测法。

因受地形条件的限制，布设支导线时，可布设不多于 4 条边、总长不超过 200m 的支导线。为了防止在观测中出现粗差，同时提高观测的精度，应往返观测支导线边长，分别测左、右角各一测回，其测站圆周角闭合差不应超过 40″。此法在计算中容易出现错误，因此在计算各导线点的坐标时一定要认真检查，仔细校核，尤其在推算坐标方位角时更要细心。

1.3.3.2 界址点测量

学生应掌握界址点测量方法,每个小组配全站仪 1 部,棱镜 2 个,经检验的钢尺 1 副,记录板 1 块,钢尺丈量记录表 1 张,界址点成果表 1 张和控制点成果资料。

1. 精度要求

用各种测量方法获得的实地界址点坐标及有关界址数据是量算宗地面积的基础数据。一般依据测区土地的经济价值(经济精度)和界址点在确定权属土地范围中的重要性(法律精度),以及测区控制网的精度和自身的测点精度来确定测量精度要求,见表 1-8。

表 1-8 解析界址点精度的要求

等级	界址点相对于邻近控制点的点位误差/cm	
	中误差	允许误差
一级	±2.0	±4.0
二级	±5.0	±10.0
三级	±7.5	±15.0
四级	±10.0	±20.0

2. 实施程序

1)准备

(1)整理并复制界址确认时所需的成果资料。

(2)实地踏勘界址点,进一步核实界址点的准确位置,了解各宗地的用地范围,并在蓝图上标出。

对于面积小的宗地,画出相邻若干宗地的使用情况,标注出界址点的共用情况;对于面积大的宗地,注记好四至关系和共用界址点情况。在草图上标记权属主的姓名并草编宗地号。

(3)整理踏勘资料。草编界址点号并制作界址点观测图;注记出与地籍调查表一致的实量边长、界址点编号、权属主姓名等。

(4)编制界址边长测量误差表。界址点的坐标精度要求较高,在城镇区,界址点的中误差要求不超过 5cm,限差为 ±10cm。界址点编号为"××—××",界址点测量信息见表 1-9。

测量之前把实量边长填入相应栏中,测量完后把反算边长和图解边长填入表中,计算出误差。

表 1-9　界址点测量信息

界址点编号	实量边长/m	反算边长/m	图解边长/m	Δ_1/cm	Δ_2/cm	备注

2）界址点施测程序

界址点施测程序一般包括：在地籍基本控制测量的基础上进行图根控制测量；以图根点为依据测量界址点的坐标及主要建筑物的位置；展绘各级控制点及解析界址点，绘制宗地权属界线图；以控制点及界址点为基础，展绘其他重要地物的位置于图上，形成地籍原图。

施测注意事项：界址点和建筑物角点的坐标一般应有两个不同测站点测定的成果；对间距很短的相邻界址点应由同一条线路的控制点进行测量。

3）野外观测成果的内业整理

测量结束后，计算界址点坐标、相邻界址边长、界址点误差等，当测区内所有界址点坐标检核合格后，可计算全部的宗地面积，然后填入表 1-9 中，整理成册。

3．测算方法

1）解析法

常用的解析测量方法有极坐标法、角度交会法、距离交会法、内外分点法。

（1）极坐标法。在一个控制点上架设全站仪，首先定向，然后转向待测界址点，直接用全站仪解析各处界址点的坐标；也可以先在一个控制点上架设全站仪，然后测定已知方向和界址点之间的角度，测量出测站点和界址点之间的距离，从而确定界址点的位置。

（2）角度交会法。分别在两个控制点上设站，根据已知的水平角测设出相应的方向，再将两条方向线交会，从而确定界址点的位置。

（3）距离交会法。在两个控制点上分别量出至一个界址点的距离，从而确定界址点的位置。

（4）内外分点法。当界址点位于两个已知点的连线上时，分别测量出两个已知点至界址点的距离，从而确定界址点的位置。

2）图解法

采用图解法在图纸上量算界址点坐标时，应量至图上的 0.1mm，多次量取，相互检核；一般应独立量取两次，坐标成果取两次量取值的均值。

图解界址点坐标的精度主要受图纸本身精度和坐标量取时的读数误差两方面影响。其中读数误差又受丈量工具的精度等因素的影响。

4．测量要点

测量界址点时，各小组之间应尽可能不要相互干扰。首先要定好控制点和界址点，标定或埋设好界址点，界址点的位置与控制点的关系要满足各种测量方法的要求。测量小组一般由 6～8 人组成。根据控制点和待测界址点的分布情况确定采用哪种方法进行测算。

1.3.3.3 权属调查

1. 宗地划分

1）划分原则

宗地划分的一般原则：①将一个权属主所有或使用的相连成片的用地范围划分为一宗地，称为独立宗；②如果是同一个权属主所有或使用不相连的两块或两块以上的土地，则划分为两个或两个以上的宗地；③如果一个地块由若干个权属主共同所有或使用，实地又难以划分清楚各权属主的用地范围的，划为一宗地，称为组合宗；④对一个权属主拥有的相连成片的用地范围，如果存在土地权属来源不同，或楼层数相差太大，或有建成区与未建成区（如住宅小区）之分，或用地价款不同，或使用年期不同等情况，在实地又可以划清界限的，可划分成若干宗地。

有争议土地的宗地划分原则：有争议的土地按双方各自所指的界线划出争议区，设为争议宗地，在地籍调查表的权属调查记事与调查员意见栏内记载争议情况。

2）宗地确认

①凡是被连续权属界址线所封闭的地块可确认为宗地；②几个土地使用者共同使用而其间又难以划清界限的地块可确认为组合宗；③过境公路、铁路等国有线状地物，按用地范围单独划宗，不调查使用权人，仅调查地类；④其他未确定使用权的土地，如住宅区内的街巷用地、排水沟渠等公共基础设施用地，按用地范围单独划宗，使用权确权给集体经济组织；⑤农村宅基地要逐户分宗调查。

2. 宗地编码

宗地代码采用 5 层 19 位层次码结构，按层次分别表示县级行政区划、地籍区、地籍子区、土地权属类型、宗地号。在同一个地籍子区内，宗地号按照"从左到右，自上而下"的原则，用阿拉伯数字依次连续编号。

第一层次为县级行政区划，代码为 6 位，采用《中华人民共和国行政区划代码》（GB/T 2260—2007）。

第二层次为地籍区，代码为 3 位，用阿拉伯数字表示。

第三层次为地籍子区，代码为 3 位，用阿拉伯数字表示。

第四层次为土地权属类型，代码为 2 位。其中，第一位表示土地所有权类型，用 G、J、Z 表示。"G"表示国家土地所有权，"J"表示集体土地所有权，"Z"表示土地所有权争议。第二位是宗地特征码，用 A、B、S、X、C、D、E、F、W、Y 表示。"A"表示集体土地所有权宗地，"B"表示建设用地使用权宗地（地表），"S"表示建设用地使用权宗地（地上），"X"表示建设用地使用权宗地（地下），"C"表示宅基地使用权宗地，"D"表示土地承包经营权宗地（耕地），"E"表示林地使用权宗地，"F"表示草原使用权宗地，"W"表示未确定或有争议的土地，"Y"表示其他土地使用权宗地，用于宗地特征扩展。

第五层次为宗地号，代码为5位，用00001～99999表示，在相应的宗地特征码后按顺序编码。

3. 权属确认

1）界址点、界址线确认要求

本宗地、相邻宗地使用人及调查人员必须共同到现场，由本宗地及相邻宗地权利人指界并认定界址点和界址线。

（1）单位使用的土地，须由相邻各方法人代表共同到现场指界，并出具身份证明和地籍调查法人代表身份证明书；个人使用的土地，须由户主指界，并出具身份证明和户籍簿。两个以上土地使用者共同使用的宗地，须共同到现场指界。若法人代表、户主和共同使用者不能亲自出席指界，由委托代理人指界，并出具身份证明及指界委托书。

（2）征地范围内已作为公共道路、公共绿地、水利工程及其他公共设施的部分，不能确权的给原征地单位。

（3）土地使用者已有用地批准文件，对少批多用的，宗地界线按批准用地界线确定，多用部分在调查表中注明，待后续处理；对批多用少的，原则上按实际使用范围定界。

（4）宗地界址有争议的，调查人员应在现场调解处理。若现场调解无效，则在调查记事栏注明争议原因，标出争议范围，填写土地争议缘由书，呈报当地领导小组裁决处理。

（5）宗地有两个以上土地使用者时，能查清各自的使用部分和共同使用部分界线的，要查清，并在调查底图上标示。

（6）土地使用者与相邻宗地双方有边界协议或使用者已办结土地登记手续的，可直接引用协议、法定界线、界址点，不再调查、指界。

权属调查完成后，应现场将权属调查的结果填写在土地权属调查表上。土地权属调查表上填写的内容包括：预编宗地代码、宗地代码及所在图幅号；土地坐落位置、权属性质、宗地四至；土地使用者名称；单位性质；土地使用单位（者）、法人代表姓名、身份证号码、电话号码；指界授权委托代理人姓名；批准用途与面积、实际用途和使用期限；宗地草图；界址调查记录（界址标示表、界址签章表及界址说明表）；地籍调查记事及调查结果审核意见。

2）土地权属调查表填写要求

（1）土地权属界线调查表内容须与实地调查结果一致，各项目填写齐全，准确无误，字迹清楚整洁。

（2）填写内容划改不得超过2处。

(3) 每宗地填写1份。

(4) 项目栏的内容填写不下的可另加附页。

(5) 文字内容一律使用蓝黑钢笔或黑色签字笔填写。

1.3.3.4 农村房屋调查

在农村地籍调查中，应针对农村房屋实际情况，实地调查农村宅基地和农村集体建设用地地上建筑物和构筑物的产权状况，结合地籍测量一并开展房屋测量。进行房屋调查时，要重点调查房屋的权利人、权属来源情况、建筑结构、建成年份、批准用途与实际用途、批准面积与实际面积等要素，形成房地一体的农村地籍调查成果。

1. 房屋产权状况调查

依据房屋产权人提供的准建证、村镇规划选址意见书、乡村建设规划许可证，或房屋买卖、互换、赠与、受遗赠、继承、查封、抵押等其他房屋产权证明，记录产权人，并将产权证明留复印件或拍照留存。产权共有或有争议的，记录共有或争议情况。其中，对于在现行规划建设管理制度实施前建设的房屋，应提供村镇规划选址意见书等资料；对于实施之后建设的，应提供乡村建设规划许可证等资料。

依据《房产测量规范 第1单元：房产测量规定》(GB/T 17986.1—2000) 的要求，调查房产建筑结构、层数、建成年份、批准用途与实际用途，核对房产面积是否批建一致等；对村民整体搬迁上楼的，还应该调查记录房屋所在自然层次和房屋编号。对于农房中的一房多户，应现场确定房屋分户界址和权属情况，需要现场指界的，应经房屋产权人现场指界，明确界址并现场确认签字。房屋产权状况调查形成的结果可记录在地籍调查表的"权属调查记事"栏内。

2. 房屋测量

房脚点测量宜采取与宗地界址点测量同样的技术方法，一并开展。房屋边长丈量与宗地界址边长丈量同时开展，当确实无法丈量房屋边长时，应丈量至少两条房脚点与界址点或房脚点与邻近地物的相关距离，便于间接解算房屋边长和求解房屋面积。对于新型农村社区或搬迁上楼等高层多户的，可参照《房产测量规范 第1单元：房产测量规定》(GB/T 17986.1—2000) 开展房屋测量。对于已有户型图的，可通过核实户型图获取房屋内部边长；对于没有户型图的，须实地测量房屋内部边长。

3. 面积量算

依据实地丈量的房屋边长计算房屋占地面积，结合房屋层数计算房屋建筑面积。对于高层多户，有户型图的，可通过实地丈量的房屋边长和核实户型图获取的房屋内部边长计算房屋建筑面积及套内面积；无户型图的，需要通过实地丈量的房屋边长和实地测量的房屋内部边长计算房屋建筑面积及套内面积。

4. 调查结果记录

记录调查结果时应注意两点：一是要将房屋权属状况信息和房屋测量结果记载在地

籍调查表中；二是要在宗地草图中标识房屋，并标注房屋边长，房屋的楼层、结构，以及争议情况等信息。

1.3.3.5 地籍图测绘

1．技术要求

1）图纸展绘

（1）图廓线：内图廓线长度误差不超过 0.2mm，内图廓对角线长度误差不超过 0.3mm。

（2）坐标展点：坐标格网和控制点的展点误差不超过 0.1mm，其他解析坐标点的展点误差不超过 0.2mm。

2）测量误差

（1）相邻界址点间距、界址点与相邻地物点和图根点间的距离中误差不超过 0.3mm。

（2）宗地内外与界址相邻的地物点，点位中误差不超过 0.4mm。

（3）邻近地物点间距中误差不超过 0.5mm。

3）图边的测绘与接边

测出区域外 5～10mm 的范围；接边时，接边偏差的限差为±0.8mm。

4）整饰、检查与验收

（1）整饰：地籍图主体内容测绘完成后的整理和装饰工作。

（2）检查：地籍图测绘完成后，一般实行二级检查，应分别给出检查报告。

（3）验收：验收完应给出验收报告。

2．地籍图成图

1）白纸测图

白纸测图是指先利用测量仪器对地球表面局部区域内的各种地物、地貌特征点的空间位置进行测定，再以一定的比例尺并按图示符号将其绘制在图纸上。

2）摄影成图

摄影成图主要有两种方法：模拟法和解析法。

3）数字成图

数字成图是以计算机为核心，在外连输入输出设备及硬、软件的支持下，对各种地籍信息数据进行采集、输入、成图、绘图、输出、管理的测绘方法。

4）编绘法成图

该方法指利用测区已有的地形图、变更的地籍图及近期的影像平面图，采用透绘、矢量化和复制等办法制作工作底图，利用地籍调查资料去旧加新。

编绘法作图过程：选择底图；复制二底图；外业调绘（补测修测）；制作工作底图（注记修饰）；地籍图的复制。

注意：对界址点和重要地物应实地测算坐标。

5）拼装法成图

作图过程：外业实测；地籍调查；展绘框架；拼装细部。

6）二图并出或三图并出

二图并出指同时施测地形图和地籍图；三图并出指同时施测地形图、地籍图和房产图。

3. 宗地图

宗地图是重要的地籍测量成果，学生应掌握并利用数字测图系统绘制宗地图的过程和方法。

宗地图是描述宗地所在位置、界址点、线和相邻宗地关系的实际资料。在绘制过程中，不得涂改，只允许划改。地籍调查人员在现场绘制时，应保证权属清楚，界址准确，注记清晰规范。宗地图应按约略比例用 2H 铅笔绘制。线条字迹要清楚，注记字头大致向北或向西书写。对于注记过密的部位，可移位放大处理。针对宗地过大的情况，可分幅绘制草图，并标注相关位置。

土地所有权宗地图中应包含如下内容：本宗地所有者；本宗地界址点、界址线；与界址点有直接关系的建筑物、构筑物和重要建筑物、构筑物；相邻宗地的地籍编号和权利人名称；道路、水系等地理名称；指北线、丈量者名称、审核员名称以及绘图日期。

4. CASS 绘图

CASS 软件是由广州南方测绘科技股份有限公司基于 AutoCAD 平台开发的 GIS 前端数据采集系统。它主要应用于地形成图、地籍成图、工程测量应用三大领域，是目前主流的成图软件之一。学生应在了解其特点、功能的基础上，结合指导教师的操作演示，掌握 CASS 使用方法。

1）地形图

学生应在认识地形图的应用范围和学习地形图的基本应用的基础上，学会利用 CASS 软件绘制地形图并在此基础上掌握土方计算及报告编制方法。

（1）工具及资料：高程数据、直尺、计算机和 CASS 软件。

（2）方法和步骤。

a. 查询相关信息。点击菜单栏"工程应用"中的"查询指定点坐标""查询两点距离及方位"命令可查询点的坐标、高程和直线方位角、直线距离。操作中应注意观察命令栏的信息。

b. 利用方格网法进行土方计算。首先确定要计算土方的范围，用复合线构建一个封闭的面，然后用菜单栏"工程应用"中的"方格网法土方计算"命令，选定土方计算的边界，在"方格网土方计算"的界面下进行选择操作，完成土方计算。

c. 利用土方量平衡法进行土方计算。首先确定要计算土方的范围，用复合线构建一个封闭的面，然后用菜单栏"工程应用"中的"区域土方量平衡"命令，选择"根据高程文件"或者"根据图上高程点"，选定土方计算的边界，确定出方格的大小，完成土方计算。

（3）注意事项。

利用方格网法进行土方计算时，应注意网格大小要合适，以避免计算机无法快速处理数据。

2）地籍图

指导教师首先应对 CASS 软件的地籍图界面进行简单的介绍，使学生了解每一部分的功能和软件的基本操作；其次，介绍怎样将全站仪等测绘仪器中的数据通过 CASS 软件传输到计算机上，并形成特定的数据格式；最后，介绍如何将已经形成的 CASS 格式的数据文件加载到软件中，并且进行简单的绘图演示。

1.4 实习成果及要求

1. 图表成果

本实习的图表成果主要有：地籍调查表、宗地草图和界址点、界址边勘丈原始记录；地籍控制测量原始记录、控制点网图和平差计算成果；解析界址点成果表；地籍铅笔原图和着墨底图、地籍图分幅接合表及宗地图；面积量算成果及土地分类汇总统计表；地籍调查报告。

2. 实习报告

对于需要分组完成的实习任务，按组提交自然资源调查与估价工作方案、技术方案。

实习完成后，每位学生还应依据实习内容完成个人实习报告，并编制自然资源调查成果图件。

3. 考核方式

学生实习完成后，会对其考勤、实习纪律、方案完成、实习报告撰写方面的表现进行评价，根据各项得分及占比，得出实习分数。

（1）考勤得分一般占实习分数的 10%，实习纪律得分占比 10%。

（2）分组完成的实习工作方案、技术方案得分一般占实习分数的 10%，此项主要用于考查团队合作能力。

（3）实习报告得分占实习分数的 70%，评分时考虑以下 4 个方面：一是实习报告内容是否完整涵盖实习内容，占实习分数的 5%；二是实习报告字数是否满足要求（8000~12 000 字），占实习分数的 5%；三是报告格式是否符合实习报告的基本规范，占实习分数的10%；四是实习报告撰写水平，占实习分数的50%，其中文字部分约占25%，制图部分约占15%，数据处理部分约占10%。

2

国土空间规划整治

2.1 实习目的

本实习旨在基于"城镇规划""国土空间规划"等系列课程的理论知识,使学生系统掌握国土空间规划的主要流程和基本内容,了解国土空间规划、城市规划等相关规划实现"多规合一"的目的和方法,重点掌握国土空间规划资料的收集与处理方法,掌握规划底图的编绘和数据分析技巧,形成各种数据相符的基本理念。学生还需要熟悉和掌握规划专题的基本内容和编制方法,能够对土地利用现状和国土供需机理进行分析,重点学会农用地、建设用地的供需分析,并在专题分析过程中掌握基础数据分析与预测技能。

另外,本实习还以"土地整治""水土保持学""工程概预算"等系列课程的理论知识为基础,要求学生熟悉国土综合整治的概念、目的,以及工作过程和整治设计,同时学习土地整治与生态修复相关知识,以适应新时代新农业的变化需求,能够应对新农业背景下的土地整治工作。

国土综合整治是一个复杂的大概念,它包括利用、开发、保护、治理、规划、管理等诸多要素。随着土地整治实践工作的逐步深化,国家对土地整治专业人才的需求不断增加,并对从业人员的知识体系及能力提出了新的要求。

为巩固课堂理论教学,做到理论联系实际,拓展学生的思维和视野,指导教师应根据教学计划安排组织,通过实习,使学生掌握土地整理工程设计方法,可以独立完成土地平整工程设计、田块规划设计、灌排工程规划设计、田间道路工程设计、田间桥梁工程设计以及相关纵横断面的绘制、工程量计算、成本效益分析和方案选优,帮助学生更有效地掌握土地测绘技术,以及土地资源遥感、地理信息系统、土地工程概论、土地信息工程、土地工程普探、土地生态工程等专业知识。

2.2 实习过程

2.2.1 国土空间规划

国土空间规划方面的实习内容有县市级国土空间规划、乡镇级国土空间规划、村庄规划及国土空间专项规划四项,教师可依据课程内容与学时选择其中一项或多项安排学生进行实习。具体实习过程及内容见表 2-1。

表 2-1　国土空间规划实习过程及内容

实习过程	实习内容
前期准备	安排实习任务
	学习 Office 办公软件及 CASS、CAD、ArcGIS 等软件的使用知识
	准备并熟悉实习资料
	编写国土空间规划工作方案与技术方案
外业踏勘	收集并整理规划基础资料
	编绘规划底图
内业整理	编制总体规划大纲及专项规划
	开展专题研究
	建立规划数据库

1. 前期准备

在教师做好实习任务安排后，学生应划分成不同小组，并做好以下准备。

（1）熟练掌握 Office 办公软件及 CASS、CAD、ArcGIS 制图和数据库等相关软件的使用方法。

（2）提前准备并熟悉实习过程中所需的资料，如《市级国土空间总体规划制图规范（试行）》《市级国土空间总体规划数据库规范（试行）》《市级国土空间总体规划制图规范（试行）参考样图集》《市级国土空间总体规划编制指南（试行）》等自然资源部发布的各类文件。

（3）以乡镇或村规划区域为对象，完成国土空间开发保护现状评估、现行规划实施评估、资源环境承载力和国土空间开发适宜性评价、县域国土空间发展与战略定位等核心专题研究方案，形成国土空间规划思路，编写国土空间规划工作方案和技术方案。

2. 外业踏勘

在外业踏勘过程中，教师应带领学生补充收集各类基础数据资料和相关规划成果，梳理规划区域的重大战略部署，完成规划底图的编绘。

3. 内业整理

在内业整理阶段，学生应在教师指导下，以小组为单位，完成以下三项工作。

（1）完成所选范围的国土空间总体规划大纲编制工作，并编制乡镇或村的特色风貌与设计、山体水体保护等专项规划。

（2）开展有关空间战略布局和空间结构优化、国土空间保护现状评估、资源环境承载力和国土空间开发适宜性评价、耕地与基本农田保护、生态红线与自然保护地、城镇开发边界、产业空间布局等的专题研究。

（3）结合土地信息系统实习，建立乡镇或村规划数据库。

2.2.2 国土综合整治

教师应准备与国土综合整治有关的最新国家规程、技术标准，如《土地复垦方案编制规程》（TD/T 1031.1～1031.7—2011）、《高标准基本农田建设标准》（TD/T 1033—2012）、《土地整治项目制图规范》（TD/T 1040—2013）等资料，指导学生以两个以上完整行政村为单元，分析村庄布局优化、产业振兴或生态保护修复等方面的内在关联。

整治范围内的村庄可结合集聚提升类、城郊融合类、特色保护类、搬迁撤并类等类型进行选取。一般将现有规模较大的中心村，确定为集聚提升类村庄；将城市近郊区村庄，确定为城郊融合类村庄；将历史文化名村、传统村落、少数民族特色村寨、特色景观旅游村等特色资源丰富的村庄，确定为特色保护类村庄；将位于生存条件恶劣、生态环境脆弱、自然灾害频发等地区的村庄，因重大项目建设要搬迁的村庄，以及人口流失特别严重的村庄，确定为搬迁撤并类村庄。

在实践教学过程中，教师应基于特定的工作场景，设置相应的学习任务和学习流程，开展以任务为导向的课程教学活动。教师通过讲解、联系、评价的教学模式，使学生学习并掌握具有一定实用性的国土综合整治技能，最终或以小组形式完成实习。国土综合整治实习过程及内容如表2-2所示。

1. 前期准备

在实习之前，教师应按照学生情况做好实习方案的策划和实习任务的安排，同时指导学生熟练运用相关办公、制图软件。学生以组为单位，从自然资源和规划部门、发改部门、林业部门、农业部门等收集项目区国土空间规划成果，村庄规划成果，永久基本农田划定成果，气候气象、地貌、土壤、植被、水文、地质、自然灾害等自然条件信息，以及水资源、矿产资源、能源、生物资源、旅游资源、自然保护区资源等相关资料，并结合实地调查情况，分析项目区的全域国土综合整治条件，同时编写工程概算编制工作方案、土地综合整治项目方案等。

2. 外业踏勘

外业踏勘工作由教师讲解和学生实践组成，主要目的是获得内业整理工作所需的基础数据和影像资料。

表 2-2 国土综合整治实习过程及内容

实习过程	实习内容
前期准备	安排实习任务
	学习办公软件、制图软件相关使用知识
	准备实习资料
	编写工程概算编制工作方案
	编写土地整理可行性分析报告
	编写土地整理规划设计方案
	编写土地整理概预算方案
	编写土地综合整治项目方案
外业踏勘	调查整治区域数据
	收集土地利用资料
	收集项目申报所需材料
	收集项目图件资料
内业整理	撰写土地综合整治项目报告
	撰写高标准农田建设报告
	撰写土地整理规划报告
	撰写土地整理规划和生态系统保护修复报告

3. 内业整理

在内业整理阶段，学生应在分析项目区全域国土综合整治条件的基础上，依据乡镇国土空间规划和村庄规划，结合当地自然条件差异、土地利用现状、经济社会发展和产业特色，对农村生产、生活、生态空间进行优化，科学划定农业生产、村庄建设、产业发展和生态保护功能区，进而明确各功能区的重点整治内容，合理划分整治区，明确整治任务和目标，确定建设内容（工程量），完成土地综合整治项目报告、高标准农田建设报告、土地整理规划报告等相关报告的撰写。

2.3 实习内容

教师应依据国土空间规划相关规程安排国土空间规划实习，并将国土综合整治和生态修复方案编制作为国土空间规划整治实习的重要组成部分。

2.3.1 现状分析与评估

2.3.1.1 现状分析

学生以小组为单位分析项目区的人口经济、区位交通、自然历史、土地利用、土地确权、村庄建设、宅基地确权等相关规划资料，全面了解当地的气候和地形地貌条件、水土等自然资源禀赋、生态环境容量等空间本底特征，总结国土空间开发保护存在的主要问题；围绕区域协同发展、新型城镇化、乡村振兴等重大战略及省、市、县发展新要求，分析项目区在国土空间保护开发、生态修复与国土整治等方面面临的形势。

2.3.1.2 对资源环境承载力和国土空间开发适宜性进行评价

学生在教师指导下对项目区的资源环境承载力和国土空间开发适宜性进行评价（简称"双评价"），识别全域生态保护极重要区、农业发展适宜区、城镇建设不适宜区及开发保护面临的安全风险，优化调整生态空间、农业空间和建设空间，明确生态、农业、建设三大空间容量，为土地用途结构调整、资源要素保护利用、土地整治和生态修复等方面提供指引。

2.3.1.3 实施评估

学生在教师指导下对项目区范围内的国土空间规划、镇域总体规划等实施评估，围绕耕地保护、建设用地调控等约束性指标，以及人口变化、产业发展、住房建设、综合交通、绿地与开敞空间、景观风貌、基础设施、公共服务设施、历史文化保护、公共安全等方面总结现有规划存在的问题。

2.3.2 规划定位

学生分小组进行规划定位，立足于地区整体发展情况，落实上位国土空间总体规划对乡镇的总体定位要求、主要职能分工和管控要求，确定乡镇功能定位和发展方向。

2.3.3 规划目标与指标落实

学生以小组为单位,明确、落实上位国土空间总体规划对乡镇的社会经济发展目标、国土开发保护目标和规划指标要求。社会经济发展目标包括总体发展目标、产业目标、乡村振兴目标、城乡品质目标等。国土开发保护目标涉及资源保护、开发利用、整治修复等方面。规划指标涵盖底线管控、结构效率、生活品质3个方面,具体包括耕地保有量、永久基本农田面积、生态保护红线面积、城乡建设用地规模、新增生态修复面积等指标。

2.3.4 国土空间格局与结构认知

1. 总体格局

教师指导学生以区域自然地理格局为基础,结合市县"双评价"、市县灾害风险评估、规划实施评估等成果,强化底线约束,结合规划目标与定位,统筹生产、生活、生态空间,构建国土空间开发保护总体格局。

(1) 生态保护空间。基于对生态安全和生物多样性的维护,衔接上位规划生态安全格局和自然保护地体系,保护丘岗山地、河沟溪流走向及完整性,识别重要生态廊道、生态屏障和网络。

(2) 农业生产空间。落实粮食生产功能区和重要农产品生产保护区,因地制宜地划定种植业、畜牧业、养殖业等农业发展主要区域,合理引导农业现代化发展。

(3) 城乡发展空间。结合村庄分类与布局成果,按照挖潜存量、激活流量等节约集约用地的要求,稳妥开展村庄搬迁撤并工作,拓展镇村发展空间,明确城乡发展空间。

2. 底线约束

学生在实习过程中,应落实项目区上位规划确定的生态保护红线、永久基本农田和城镇开发边界的规模、位置和管控要求;落实上位规划确定的其他控制线,如河道(湖泊)岸线控制线、历史文化保护控制线、市政廊道控制线、交通廊道控制线等,明确具体管控措施及要求。

在划定村庄建设边界时,避让生态保护红线和永久基本农田,在城乡建设用地规模约束下,以现有村庄用地范围为基础,实施乡村建设行动,提出村庄建设边界规模,将边界落实到具体地块并分解至村庄。涉及长期稳定利用耕地的,以"开天窗"(指在进行国土空间规划时,针对特定的区域或地块,根据其自然条件、经济状况、人口分布等因素,预留一定的规划弹性,不将该区域或地块限定在特定的用途或限制条件之下,以便在未来进行灵活的开发利用)的形式予以标注。对于搬迁撤并类村庄,在统筹考虑村民安置的基础上,原则上不划定村庄建设边界。

3. 规划分区

教师指导学生围绕国土空间开发保护总体格局，结合乡镇国土空间特点和经济社会发展需要，按照全域全覆盖、不交叉、不重叠的原则，协调生态、农业、城镇三大空间结构，落实上位规划确定的规划分区，合理优化全域规划分区边界，确定各规划区的国土空间功能导向和主要用途方向，细化用途准入原则和管控要求。

4. 结构调整

学生以小组为单位，落实项目区上位规划目标指标，统筹考虑生态保护、农业生产及其他土地需求，严格限制各类建设对生态用地和农业用地的占用，提出乡镇范围内国土空间结构调整优化的重点、方向和时序安排，并编制国土用途结构调整表。

5. 规划留白

学生在规划过程中可预留不超过5%的建设用地机动指标，这些土地可用于村民居住、农村公共公益设施、零星分散的乡村文旅设施及农村新产业新业态等方面。对于一时难以确定具体用途的建设用地，可以作为留白用地暂时不明确规划用地性质。

2.3.5 自然资源保护和利用

在实习过程中，学生需要落实国土空间开发保护目标，分类梳理自然资源利用的特点和问题，深入践行"两山"理论，落实"双碳"目标。此外，还需要深化细化各类自然资源要素的管控边界、保护范围，并提出相应的管控措施。同时，结合地域特色，探索生态价值转换路径，提升生态价值转化效率。

由教师带领学生以小组为单位落实对以下各类自然资源的保护利用。

（1）耕地资源。在实习过程中，学生以小组为单位落实耕地保有量目标，按照数量、质量、生态"三位一体"保护的要求严格保护耕地，尤其是稳定耕地，坚决遏制耕地"非农化"，并严格管控"非粮化"现象；切实强化对黑土地的保护性利用，提出针对性的保护措施；在确保生态安全的前提下，合理开发耕地后备资源；从严控制建设项目对耕地的占用，严格落实耕地占补平衡，确保可以长期稳定利用的耕地总量不减少；落实永久基本农田储备区划定成果，明确其面积、布局，并提出相应的管控要求。

（2）水资源。在实习过程中，学生以小组为单位落实饮用水水源保护区、水源涵养区、水土流失重点防治区等水生态保护区，落实河道（湖泊）岸线控制线，明确保护范围和管控要求；提倡节水农业，控制农业用水总量，提高农田灌溉水的有效利用系数，提出节水措施。

（3）森林资源。在实习过程中，学生以小组为单位落实林地保有量目标，明确林地资源规模和布局；严格管制林地用途，执行森林采伐限额和有偿使用林地等要求；重点保护上位规划确定的天然林和公益林，对于商品林，在不破坏生态的前提下，采取集约化经营措施。此外，还应合理引导退耕还林。

（4）草地资源。在实习过程中，学生以小组为单位落实上位规划确定的基本草原、禁牧区和草畜平衡区；通过实行草场围栏封育、禁牧、休牧、划区轮牧等途径，治理"三化"（退化、沙化、盐碱化）草地，逐步恢复草原植被；明确乡镇草地资源规模和布局，并提出相应的管控要求。

（5）湿地资源。在实习过程中，学生以小组为单位落实湿地保护面积目标，积极推进合理利用，严格限制建设项目对湿地的占用，严禁开垦排干湿地、永久性截断湿地水源等破坏湿地及其生态功能的活动；明确湿地资源规模和布局，并提出相应的管控要求。

（6）矿产资源。在实习过程中，学生以小组为单位协调保护与开采、地上与地下的关系，落实矿产资源开发格局、时序安排、调控目标和重要矿产资源保护与开发的重点区域，并提出矿产资源的开发规模及布局；加强矿山地质灾害防治，建设绿色矿山，提出提高矿产资源利用效率的措施。

（7）建设用地资源。在实习过程中，学生应以小组为单位，按照集约化、内涵式发展的要求，坚持最严格的节约用地制度，推进建设用地节约集约利用，提出实行"五量"调控（框定总量、严控增量、盘活存量、用好流量、提升质量）的措施，明确城乡建设用地、城镇用地等的规模控制要求。

对于其他具有重要保护和利用价值的自然资源，学生应根据相应的管控要求进行开发利用。

2.3.6 镇村布局与产业规划

在进行镇村布局与产业规划过程中，由教师带领学生完成以下任务。

1. 构建镇村体系

学生在教师指导下结合乡村振兴战略要求，基于县域村庄分类布局成果，预测镇村人口规模和流动趋势，合理构建镇村等级结构、职能分工和居民点布局。

2. 提出产业发展策略

学生在实习过程中结合上位规划，在分析产业发展优劣势的基础上，提出产业培育的方向、类型、重点和目标，优化产业结构，提出产业发展策略；依据发展战略定位及发展目标，统筹规划产业空间布局，推动第一、第二、第三产业的深度融合，鼓励引导新产业、新业态的发展，实现特色化、产业化和规模化经营。

3. 规划农业生产布局

学生以小组为单位，落实上位规划确定的农业发展格局和农业"两区"（粮食生产功能区和重要农产品生产保护区）发展要求，因地制宜地提出具有地方特色的农业生产布局规划方案。

在实践过程中,学生结合地方实际情况,合理规划各类农业生产布局,规范农业设施建设,提出畜禽养殖设施建设用地规模;安排不少于10%的建设用地指标,重点保障乡村产业发展用地,引导工业项目向城镇开发边界的乡镇产业园区内集中布置。直接服务种植养殖业的农产品加工、电子商务、仓储保鲜冷链、产地低温直销配送等产业,原则上应集中在行政村村庄建设边界内。利用农村本地资源开展农产品初加工、发展休闲观光旅游而必需的配套设施建设,应在不占用永久基本农田,不超出国土空间规划建设用地指标等限制条件,不破坏生态环境和乡村风貌的前提下,在村庄建设边界外适度安排少量建设用地,同时规定其规模、位置和准入条件。结合产业发展布局,对村庄内零星、分散、闲置的宅基地,闲置的集体经营性建设用地和废弃的集体公益性建设用地等进行整合,按照就地入市、调整入市等方式,确定集体经营性建设用地的重点区域。

2.3.7 历史文化保护与景观风貌管控

1. 历史文化保护

学生以小组为单位明确各级文物保护单位、历史文化名镇名村、传统村落、历史街区、历史建筑等历史文化遗存的保护范围,落实管控要求;分析非物质文化遗产的保护与利用和空间的关系,梳理非物质文化遗产名录,并提出非物质文化遗产保护与利用的原则和策略。

2. 景观风貌管控

学生在实践中结合东、中、西部不同的地貌特征,细化落实市县规划提出的城乡总体风貌指引和管控要求,确定乡镇总体景观风貌定位,突出表现乡土特色、地方特色与民族特色;对全域山水格局、空间形态、绿廊绿道、建筑风貌等提出具体的空间形态引导和管控原则;对滨水地区、山麓地区、生态廊道和特色村落等重点景观区提出有针对性的管控要求。

2.3.8 支撑保障体系构建

1. 综合交通体系

学生以小组为单位落实上位规划中对区域交通线网、站场等重要交通设施的规划布局,明确综合交通发展目标与策略,协调交通体系与市县公路网的衔接,配置相应的公交站场(点)等交通设施。

2. 公共服务体系

学生以小组为单位对上位规划确定的区域公共设施进行布局,根据镇村体系划定社区生活圈，统筹确定机关团体、文化、教育、体育、医疗卫生、养老等公共服务设施的布局指引，明确其位置、数量和配置标准。

3. 区域公用设施体系

学生以小组为单位落实上位规划确定的水利、能源等区域性基础设施和廊道，提出邻避设施控制要求，统筹安排给水排水、电力通信、供热燃气、环境卫生等设施，提出建设标准、规模和重要设施布局；科学谋划对风能、光能、热能、生物质能等清洁能源的开发与利用，提高可再生能源的利用比例。

4. 综合防灾体系

学生以小组为单位落实上位规划中的综合防灾减灾目标、设防标准和防灾分区，结合风险评估和防灾减灾要求，明确各类灾害的防治标准和规划要求，以及危险品存储设施用地布局方案及安全管控要求。

2.3.9 乡镇政府驻地规划

在进行乡镇政府驻地规划过程中，由教师带领学生完成以下任务。

1. 用地布局

在乡镇政府驻地的开发边界或建设边界内，确定规划期内其用地的发展方向。优化用地结构，合理确定居住、工业、公共服务设施、公用设施、道路交通、绿地广场等各类用地的规模和布局，推进公共空间与公共服务设施、公用设施的共用共享。

2. 社区生活圈构建

统筹公共服务设施资源配置，明确机关团体、文化、教育、体育、医疗卫生、社会福利等公共服务设施的布局和规模要求，在镇政府驻地构建城镇社区生活圈，在乡集镇构建乡村社区生活圈，具体配置标准参照《社区生活圈规划技术指南》（TD/T 1062—2021）相关要求执行。

3. 空间形态与风貌管控

结合自然山水格局与地方文化特色，确定重要风貌管控分区、景观廊道、开敞空间布局和控制要求。根据开发强度和高度对项目区进行分区，明确各区域的容积率、建筑密度、建筑高度等管控要求。划定绿地、水体等控制线，提出重要开敞空间、景观街路沿线及周边区域的天际线控制要求，加强风貌管控措施和风貌引导示意。

4. 历史文化保护利用

明确历史文化名城、历史文化名镇名村、历史文化街区、历史地段、历史建筑等保护对象的保护利用执行规范。

5. 住房建设

确定居住用地规模和布局，保障人均住房面积。结合各地实际情况划定城镇更新片区，制定更新方案。在居住用地布局方面，应优先利用空闲地、闲置宅基地和未利用地，引导集中建设。

6. 道路交通布局

明确乡镇政府驻地道路交通网结构和密度，确定主次干路走向、控制点、红线宽度、道路断面形式，合理布局公交站场（点）、客运站、停车场、公共加油加气站及充换电站等交通设施。明确铁路（轨道）站场用地范围，明确铁路线路空间分布及管控要求。

7. 公用设施布局

细化落实上位规划及相关专项规划对给水排水、电力通信、供热燃气、环境卫生等公用设施的布局要求和配建标准，对线路、场站等设施进行空间落位，并制定相应的管控措施与要求。

8. 综合防灾

建立统筹高效、职责明确、防治结合、社会参与、与经济社会高质量发展相协调的综合防灾体系。落实消防站、消防栓、消防通道、消防供水、防洪工程设施、避震疏散通道、避难场地、人防工程等各项设施布局，明确各项设施的安全防护距离、用地和防控要求。加强对危险源的规划控制，对重大危险源防治、搬迁、改造提出管控要求。

9. 五线管控

划定道路控制线、重大基础设施和公共安全设施控制线、公园绿地和防护绿地控制线、结构性水域控制线及历史文化资源保护控制线，明确管控范围及要求。

2.3.10 国土综合整治和生态修复

学生应在教师指导下，以小组为单位落实上位国土综合整治和生态修复安排，以乡镇为单元系统规划全域土地综合整治，围绕农用地整理、农村建设用地整理、乡村生态保护修复等整治修复类型，明确整治修复的目标任务，确定各类项目的规模、布局、时序、建设内容以及投资等。

1. 农用地整理

学生以小组为单位，通过对田、水、路、林、村的综合整治，改造和完善农业配套基础设施，对用地结构进行优化配置和合理布局，改良土壤，完善农田水利设施，提高耕地质量，增加有效耕地面积，提高农业综合生产能力，改善农田生态环境。

2. 农村建设用地整理

学生以提高土地集约利用为主要目的，对利用率不高的建设用地进行综合整理，优化建设用地结构布局。

3. 乡村生态保护修复

为保护和恢复乡村生态功能，学生以小组为单位系统规划矿山生态环境，并对退化的林地、草地、湿地，以及盐碱化土地、沙化土地等进行修复治理。

2.3.10.1 资料调查

规划设计过程中所需的资料数量大、范围广、变化多，为了提高规划工作的质量和效率，学生应以小组为单位调查、收集以下部门的资料。

1. 自然资源和规划部门

乡镇国土空间规划和村庄规划文本、说明、图件及数据库；土地整治项目实施计划用地规模与布局图；耕地后备资源调查的相关资料；农用地分等成果；最新土地利用变更调查资料；第三次全国国土调查数据资料；土地开发、整理的潜力；农村建设用地复垦的潜力；基本农田保护区划定情况。

2. 发改部门

国民经济发展规划；工业区和产业基地规划。

3. 农业部门

农牧业发展规划及远景目标；大中型商品粮基地、蔬菜基地、养殖基地、果业发展相关资料；中低产田改造相关资料（位置及图件）；高标准基本农田相关资料；近五年粮食产量、效益及种植作物等分布情况；主要粮食作物、经济作物的单产和复种指数等指标数据。

4. 林业部门

自然保护区、森林公园、湿地等生态功能用地分布与规模；林业发展规划。

5. 交通部门

公路建设重点项目；综合交通体系发展规划。

6. 水利部门

水土保持规划与水土流失治理重点项目；水利发展规划、国家重点建设项目规划（包括名称、投资规模及时间、项目布局、用地定额指标、用地需求，并提供项目布局示意图）等。

7. 电业部门

电力规划。

8. 生态环境部门

环境保护规划；生态红线划定资料（含矢量数据）。

9. 旅游部门

风景名胜旅游区重点设施建设项目；乡村旅游发展规划。

10. 统计部门

统计资料。

11. 其他资料

市政府近三年工作报告；介绍气候气象、地貌、土壤、植被、水文、地质、自然灾害等自然条件以及水资源、矿产资源、能源、生物资源、旅游资源、自然保护区资源等基本情况的相关资料。

2.3.10.2 编制方案

学生应以小组为单位编制方案。方案中应涉及以下 10 项内容。

1. 基本情况

（1）项目概要。概述项目位置和范围、项目区地貌类型、项目总面积、建设规模、新增耕地面积、投资估算、实施期限等。

（2）项目区概况。说明项目区范围内的自然和资源条件、社会经济状况、土地利用结构、基础设施建设情况、村庄建设情况、产业发展现状、环境地质条件、地质灾害情况及已实施建设项目情况。涉及多个行政村及整乡（镇）的，土地利用现状分析与人口统计应分村进行。

（3）存在的主要问题。说明项目区范围内土地利用、村庄建设、基础设施建设、产业发展、农业生产、生态环境保护等方面存在的问题。

2. 项目背景

1）项目建设的必要性

应从提升耕地保护水平、促进资源集约节约利用、优化国土空间布局、改善生态环境、促进农村产业发展等方面阐述项目建设的必要性。

2）项目建设的可行性

可从工作基础、整治潜力和空间规划布局调整情况 3 个方面说明项目建设的可行性。

（1）工作基础。重点从发展基础、群众意愿、综合整治和生态修复能力等方面阐述。说明乡镇国土空间规划和村庄规划的情况，阐述项目建设与乡镇国土空间规划和村庄规划的衔接情况。

（2）整治潜力。分析新增耕地潜力，涉及农村建设用地拆旧复垦的，要予以重点说明。土地利用结构调整情况和农村建设用地拆旧复垦情况均须说明。

（3）空间规划布局调整情况。根据土地综合整治需求，对涉及已有村庄规划、永久基本农田布局调整的，要说明调整的位置、地块、面积、地类、权属等，并附调整方案及图表信息。

3）项目定位

应结合项目申报条件，说明项目特色类型，阐述项目定位。

3. 原则与依据

（1）实施原则。依据相关法律、法规、政策和社会经济发展水平、资源与环境条件等因素，提出项目实施的原则。

（2）编制依据。简述编制所依据的法律法规、政策文件、技术标准和有关基础资料。

4. 工作目标

（1）总体目标。阐述项目在优化生产生活空间、助推乡村振兴和生态文明建设方面拟实现的总体目标。

（2）具体目标。方案中应提出耕地和永久基本农田保护、村庄建设、基础设施及公共服务设施建设、产业发展、生态保护、人居环境整治等方面的目标，如新增耕地率、田块规模化率、村庄拆并率、污染土地安全使用率、农村生活污水集中处理达标率、路网密度、农村道路通达率、生态用地提升率等指标的目标值，并填写项目建设目标指标表。

项目目标值的设定是项目竞争性评审和实施后绩效评价的重要参考内容。设定目标时要根据当地实际情况及相关行业标准，做到因地制宜、实事求是、客观准确，可量化、可统计、可考核。

5. 功能分区与项目安排

（1）功能分区。根据乡镇国土空间规划和村庄规划，结合当地自然条件、土地利用现状、经济社会发展情况和产业特色，对农村生产、生活、生态空间进行优化，科学划定农业生产、村庄建设、产业发展和生态保护功能区。

（2）整治内容。明确各功能区重点整治内容，合理划分整治区，明确整治任务和目标，确定建设内容（工程量）。

（3）项目安排。统筹安排农用地综合整治、闲置低效建设用地整治、矿山地质环境整治、乡村国土绿化美化、农村环境整治和生态修复项目。说明项目名称、建设单位、建设地点、建设规模、新增耕地面积、主要建设内容、计划投资金额、资金来源、建设期限等。

6. 土地权属调整

说明项目区内土地权属状况和确权登记发证情况，明确权属调整原则和程序，制订权属调整初步方案。

7. 资金测算

资金测算应参照国家（或省、市）最新规程执行。测算方法包括分类型综合加总法、系数法和单位面积标准投资估算法。

1) 分类型综合加总法

分类型综合加总法用于测算区域土地整治资金总需求。它是指结合规划目标，参照有关调查数据，按照农用地整治的相关规程分别对农村建设用地整治、废弃土地复垦、宜农未利用地开发等各类投资进行估算并加总，得出土地整治方案的资金需求总规模。根据各个区域物价指数、最低工资变动情况及土地整治难度，确定该区域土地开发整理投资测算标准；测算宜农未利用地、农用地开发潜力和土地复垦潜力，将各类型的土地整治潜力与投资标准相乘，得到各类型的土地整治资金需求规模。将各类型的土地整治资金需求分析汇总，可得到区域整治资金总需求。

2) 系数法

系数法一般用于测算省级、市级土地整治项目投资需求，测算步骤如下。

（1）寻找与规划项目类似的典型项目及其投资量。

（2）测算规划项目相对于类似典型项目的规模倍数。

（3）依据项目配套设施的工程量和工程难易程度与已知类似项目相比较的结果选取常数，工程量和工程难度大的取上限。

（4）测算土地整治项目投资需求。估算公式为

$$Y = AXn \tag{2-1}$$

式中，Y 为项目的估算投资额（万元）；A 为已知类似土地项目投资额（万元）；X 为规模倍数，等于规划项目规模除以类似项目规模；n 为常数，一般取 $0.8 \sim 1.2$。

3) 单位面积标准投资估算法

单位面积标准投资估算法一般用于测算市级、县级土地整治项目投资需求。测算步骤如下：测算土地整治典型项目单位面积投资量；估算项目投资量；根据规划目标，分别计算土地整治各个项目投资量，汇总为总投资量。

8. 实施计划与效益分析

1) 实施计划

（1）总体计划。总体计划包括实施期限和起止时间，以及总体进度安排。

（2）年度建设计划。对分年度建设计划进行安排。

（3）年度投资计划。对分年度建设资金进行安排。

2) 效益分析

效益分析包括对社会效益、经济效益和生态效益的综合分析。

9. 保障措施

（1）组织保障。说明项目所在地人民政府所做的组织领导机构设置、管理办法、工作机制等。

（2）资金保障。阐述项目投资总额、资金来源及构成、资金筹措机制和措施，重点说明资金平衡情况。

(3) 制度保障。说明制度建设、实施模式、机制建立等情况。

(4) 生态保障。阐述项目实施生态保护防治措施及后续管护措施等。

(5) 监管措施。阐述工程质量、工程进度、资金使用等方面的监管措施等。

10. 附件

(1) 项目立项批复。项目所在地人民政府为项目立项审批单位。立项批复应明确项目名称、项目位置、建设规模、高标准农田规模、新增耕地面积、拆旧复垦地块位置及规模、工矿废弃地复垦地块位置及规模、新建区位置、新建区规模、图幅号、图斑号、新增水田面积、项目实施前耕地质量等别等信息，关键信息必须满足项目报备的要求。

(2) 乡镇国土空间规划批复及规划图件、村庄规划批复及规划图件。

(3) 位置图。在1∶100 00土地利用现状图上标注项目区范围红线。

(4) 倾斜摄影三维模型及1∶2000正射影像图。

(5) 规划图。规划图中应标明项目所在镇村范围、项目边界、土地利用功能分区界线、永久基本农田范围，以及复垦区、拆旧区、建新区和新增耕地的位置及相关规划要素。

(6) 重点项目布局图。标注各子项目的建设位置及骨干工程等要素。

(7) 调整方案。调整方案包括村庄规划调整方案、永久基本农田调整方案和权属调整方案。

(8) 公众参与意见。指农村集体经济组织、村民代表或村民成员同意并签字的有关证明。如涉及拆迁的，要提供农户同意拆迁的意见书等。

(9) 现场踏勘报告。

(10) 影像资料（照片、录像等）。

(11) 编制依据、必要的附表等其他基础资料。包括全域国土综合整治项目基本情况表、土地利用结构调整情况表、建设用地拆旧复垦情况表、全域国土综合整治项目建设目标指标表及全域国土综合整治项目统筹项目情况表。

2.3.11 规划管控与传导

为有效解决规划管理不协调等问题，处理好规划与保护之间的矛盾，由教师指导学生做好项目的规划管控与传导工作。

1. 城镇开发边界内

根据城镇社区生活圈服务半径及干道、河流等自然地理界线，结合管理边界以及开发时序，合理划定详细规划编制单元，明确单元公共服务设施配置要求、开发强度和高度等风貌管控要求。

2. 城镇开发边界外

乡镇可因地制宜，结合县域村庄分类布局成果，确定乡镇内实用性村庄规划编制单元。以集聚提升类村庄为中心，结合周边稳定改善类村庄连片编制；城郊融合类、兴边富民类村庄可独立编制或周围几个村庄连片编制；特色保护类村庄原则上单独编制，稳定改善类村庄可不单独编制村庄规划，搬迁撤并类村庄不单独编制村庄规划。对村庄规划编制单元提出规划传导要求，将规划目标、规划分区、重要控制线、要素配置、风貌管控等规划内容传导到村庄，并结合乡村社区生活圈构建，提出公共服务设施、道路交通设施、公用设施和农业产业服务设施共建共享的相关要求。不编制规划的村庄应在乡镇国土空间规划中制定国土空间用途管制规则、建设管控和人居环境整治要求，保证乡村建设有规可依。

2.3.12 规划实施保障

1. 制订近期项目计划

学生以小组为单位，按照国土空间规划建设目标与任务，提出近期需要实施的交通、水利、能源、电力、环保、旅游、风貌整治、殡葬等重点建设项目及建设计划，落实项目建设性质、建设年限、用地规模、涉及村组、预算资金、资金来源等情况，提出项目实施措施、实施途径等。

2. 促进公众参与

学生在规划过程中应充分利用各种媒介向社会公布和宣传乡镇国土空间规划，建立规划宣传和交流互动机制，将规划核心内容纳入村规民约，以使规划好用、管用和实用。

3. 加强社会监督

学生在规划过程中应完善社会监督机制，鼓励公众积极参与规划的实施和监督。利用国土空间规划"一张图"实施监督系统，实现对乡镇规划刚性管控执行情况的实时监测、预警和定期评估。

2.4 实习成果及要求

1. 成果内容

规划成果主要包括规划文本、图表和数据库。

1）规划文本

规划文本应表述准确规范、简明扼要。有关国土综合整治的实习成果可以以《×××省×××县（市、区）×××镇全域国土综合整治方案》为标题，对国土空间山水林田湖草全要素进行综合治理修复，全域优化乡村地区生产、生活、生态空间布局；落脚点是实现空间形态、产业发展、生态环境、人居环境、基础设施、乡风民俗、乡村治理等诸多方面的系统性重塑和综合集成创新。

规划说明书内容包括总则、规划范围和期限、现状条件分析、城乡统筹、上位规划分析、村庄发展定位、人口规模、村域国土空间总体布局规划、自然生态保护与修复规划、耕地与基本农田保护规划、产业与建设用地布局规划、土地整治与土壤修复规划、基础设施规划、公共服务设施规划、农房建设规划与外墙改造、美丽乡村建设与景观规划。

2）图表

除规定图件外，实习过程中可结合实际合并或增补图件。乡（镇）域范围的图件比例尺原则上为1∶10 000，乡镇政府驻地规划图件比例尺一般为1∶2000，可根据行政辖区面积的实际情况，适当调整图件比例尺。图件应满足上图入库要求，符合相关制图规范要求，明确标示图名、图号、比例尺、图例、绘制时间、组织单位名称等。

村庄规划图件包括村域国土空间现状图、村域国土空间规划图、村湾建设规划总平面图、村域建设项目布局规划图等必备图及景观节点规划设计图、建筑风貌改造设计图等辅助图。

村庄规划附表包括规划目标表、国土空间结构调整表和重点建设项目表。

3）数据库

根据国家或省相关技术标准，在规划编制过程中同步开展、同步完成规划成果数据库建设。对于有特殊禀赋和发展条件的乡镇，可深化问题研究，针对全域土地综合整治、资源保护、产业发展、历史文化保护等开展研究报告编制。

2. 成果形式

实习完成后，学生应提交纸质版和电子版成果。对于需要分组完成的实习任务，学生按组提交各类方案、报告。实习完成后，每位学生还应依据实习内容完成个人实习报告。

3. 考核方式

学生实习完成后，会对其考勤、实习纪律、方案完成、实习报告撰写方面的表现进行评价，根据各项得分及占比，得出实习分数。

（1）考勤得分一般占实习分数的10%，实习纪律得分占比10%。

（2）分组完成的实习工作方案、技术方案得分一般占实习分数的10%，此项主要用于考查团队合作能力。

（3）实习报告得分占实习分数的70%，评分时考虑以下四个方面：一是实习报告内容是否完整涵盖实习内容，占实习分数的5%；二是实习报告字数是否满足要求（8000～12 000字），占实习分数的5%；三是报告格式是否符合实习报告的基本规范，占实习分数的10%；四是实习报告撰写水平，占实习分数的50%，其中文字部分约占25%，制图部分约占15%，数据处理部分约占10%。

3

房地产营销策划

3.1 实习目的

房地产营销策划实习以"市场营销学""房地产开发与投资""房地产市场营销"等课程的理论知识为基础,要求学生熟悉房地产市场营销的概念及特征、营销流程、营销手段,了解房地产营销人员的素质与能力要求,同时能在以下实务层面开展相关工作。

(1) 能够对当地房地产市场的发展现状、当地房地产企业的营销流程和营销管理等进行初步的调查分析。

(2) 能够搜集和处理房地产市场环境信息,运用宏观和微观环境分析方法,分析判断房地产市场营销环境形势,编写房地产市场营销环境分析报告。

(3) 熟练运用房地产市场分析方法对具体房地产项目进行市场分析、目标市场选择以及市场定位策划,编写本地区某地块的房地产市场分析与市场定位策划报告。

(4) 根据房地产项目产品定位进行主题概念设计、整体形象设计,规划房地产项目整体布局,制定房地产项目产品策略,设计某地块项目的房地产产品策划方案。

(5) 根据房地产项目的产品组合与价格体系进行房地产促销组合设计,开展房地产项目的广告宣传策划、人员推广策划等,设计本地区某房地产地块项目的促销推广策划方案。

3.2 实习过程

房地产营销策划实习主要包括外业和内业两个部分。教师在实习前应做好方案的策划和实习任务的安排。外业实习主要是由教师带领学生到房地产营销现场进行实地观摩学习,并获得内业实践工作所需的基础数据和影像资料。内业实习是学生在外业实习的基础上编制完整的房地产营销策划方案,并完成实习报告。

在实习开始前,学生应做好充分的思想准备,端正态度,认真熟悉实习目的和内容,主要熟知以下知识。

(1) **房地产相关概念**:房地产(或不动产)、房地产产权、房地产开发、房地产经营、房地产市场、房地产开发企业、房地产市场营销、房地产交易。

在房地产市场方面,还应了解房地产市场的特征及分类,房地产市场需求、供给、价格及周期,房地产市场分析的含义,房地产市场区域层次分析,房地产市场环境分析,房地产市场需求分析,房地产市场供给分析,房地产市场周期分析等。

在房地产市场营销方面,还应了解房地产市场营销理念、特点,房地产市场营销方案的内容,房地产价格策略(包括房地产定价目标与原则、定价方法、定价基本流程、定价基本策略、价格调整方法),房地产市场营销渠道策略(包括房地产销售渠道种类、房地产销售渠道选择、房地产销售代理）、房地产促销策略（包括房地产人员促销、房地产广告、房地产营业推广、房地产公共关系推广）等。

（2）房地产项目开发基本流程：房地产市场调研，房地产项目策划，房地产项目立项，房地产项目投融资，土地获取，房地产项目规划设计，房地产项目建设，房地产项目市场营销，物业管理。

在房地产市场调研方面，还应了解房地产市场调研的含义、原则、作用、途径及制约因素，房地产市场调研的内容（包括环境调研、需求调研、供给调研），房地产市场调研的分类、流程、方法等。

（3）财务管理与投融资分析基本概念：财务管理、财务分析、投资、投资分析、融资、融资分析、融资模式等。

在财务分析方面，还应了解财务分析报告、基本财务报表、项目静态盈利分析、项目动态盈利分析、项目盈亏平衡分析、项目财务敏感性分析等；在投资分析方面，还应了解房地产项目投资估算、房地产项目收入估算、房地产项目还本付息估算等；在融资分析方面，还应了解房地产项目融资的目的、原则、来源、方式及成本等。

在实习过程中，学生应积极努力完成实习中的任务，详细记录实习过程，保留文字、影像等资料；同时，每天都要对当天实习获得的经验和教训进行总结。

3.3 实习内容

3.3.1 房地产市场分析

3.3.1.1 房地产市场宏观环境分析

房地产市场宏观环境包括政治法律环境、经济环境、社会文化环境、人口环境、科学技术环境和自然资源环境6个方面（表3-1）。

1. 政治法律环境

1）政治体制、经济管理体制及政府与房地产企业的关系

政治体制是指国家政权的组织形式及其有关的制度，包括国家结构、政治组织形式、政党体制及相关的制度体系。在中央集权制的国家中，政策法律较为统一，房地产企业在开展经营活动、制定营销决策时对此容易把握。

经济管理体制是一个国家组织整个经济运行的模式，是一国经济制度的具体表现形式，也是该国制定和调整宏观经济政策的依据，它由所有制形式、管理体制和经济运行方式组成。

表 3-1 房地产市场宏观环境分析

宏观环境	具体分析项
政治法律环境	政治体制、经济管理体制及政府与房地产企业的关系
	法律环境
	政府的方针政策
经济环境	国民经济发展水平
	房地产市场发展态势
	通货稳定情况
	消费者收入水平
社会文化环境	教育水平
	价值观念
	消费习俗
	城市历史传统文化
人口环境	人口数量及其增长率
	人口结构
	家庭规模及结构
科学技术环境	社会科技水平、社会科技力量、国家科技体制、国家科技政策和科技立法
自然资源环境	自然资源的特点、城市自然环境

政府与房地产企业的关系取决于国家的政治体制和经济管理体制。例如，中国城市土地归国家所有，因此，与其他行业的企业相比，房地产企业受政府的制约和影响更大。

2）法律环境

目前，我国已经形成了一个比较健全的房地产法律体系，它主要由 5 个层次构成。

一是房地产法律，主要有 3 部，即《中华人民共和国土地管理法》《中华人民共和国城市规划法》《中华人民共和国城市房地产管理法》。

二是国务院颁布的各种房地产管理条例，主要有《城市房屋拆迁管理条例》《城镇国有土地使用权出让和转让暂行条例》等。

三是国务院相关部委颁布的各种行政规章，主要有《城市房地产转让管理规定》《城市房地产开发管理暂行办法》《城市商品房预售管理办法》《城市房地产开发企业资质管理规定》等。

四是与房地产企业经营有关的其他法律，主要包括《中华人民共和国合同法》《中华人民共和国公司法》《中华人民共和国商标法》《中华人民共和国广告法》《中华人民共和国产品质量法》《中华人民共和国消费者权益保护法》《中华人民共和国价格法》

《中华人民共和国劳动法》《中华人民共和国企业所得税暂行条例》《中华人民共和国营业税暂行条例》等。

五是地方政府颁布的法令、法规。

3）政府的方针政策

政府的法律法规是相对稳定的，而政府的方针政策则有一定的可变性，它随着国家政治经济形势的变化而调整。在市场经济条件下，政府对宏观经济的调控、对企业行为的干预主要是通过制定各种经济政策、运用经济杠杆来实现的，这些政策包括货币政策、产业政策、区域发展政策、土地政策、住房政策、房地产开发和销售政策等，房地产企业的营销活动只能在政策允许的范围内进行。任何一项政策的出台，都会对房地产企业产生直接或间接的影响。

2. 经济环境

经济环境是对房地产市场营销影响最大的环境因素，它既决定了房地产项目的市场需求，同时也决定了房地产项目的有效供给。只有处于供需正常的经营环境，房地产企业才能取得良好的营销效果。

1）国民经济发展水平

房地产企业是在国民经济大环境中生存和发展的，其发展不可避免地要受到国民经济发展水平的制约和影响。国民经济发展速度快、国民收入水平高，则消费者的人均收入高、社会购买力强，房地产企业的营销机会就多；反之，国民经济的发展陷入低谷，市场疲软，社会购买力下降，房地产市场首当其冲要受到影响。

（1）全国经济发展形势的影响。在全国性经济中心城市，城市规划区内的房地产项目会受到全国经济发展形势的直接影响。当全国经济发展形势良好时，各种生产要素向中心城市流动，使各机构对其房地产项目的需求强烈；反之，当全国经济发展形势不好时，各机构对其房地产项目的需求就会疲软。

（2）当地城市经济发展形势的影响。对其他区域内的中心城市，如各省会城市、全国性交通枢纽城市等，其城市规划区的房地产项目虽然也受全国经济发展形势的影响，但是其受影响的程度低于大都市的房地产项目。对普通的城市来说，其城市规划区内的房地产项目基本上只受当地经济发展形势的影响。如果该地区经济发达，即便全国经济发展形势不好，其房地产项目可能依然前景良好。

（3）城市内某地段经济发展态势的影响。对一个普通的房地产项目来说，直接影响其经营成败的是其所处城市内该地段的经济发展态势。通常情况下，一个城市各个区的发展是不平衡的，有的区地理位置好，处于市中心商业圈，其经济最发达；有的区位置偏僻，处于郊区或城乡结合部，其经济相对较差。这就导致了在同一个城市不同区的房地产项目，其营销效果大相径庭。

2）房地产市场发展态势

我国市场经济还处于发展中，各种市场从不成熟向成熟转变。作为生产要素市场之一的房地产市场，自我国改革开放之后逐步发展起来，已经有40多年的历史，但各地房地产市场发育的程度不均衡。随着我国市场化改革进程的加快，我国房地产市场也在不断完善，这对房地产营销将产生重大而深远的影响。

3）通货稳定情况

社会购买力的大小与通货稳定情况有着密切的关系。一般说来，通货膨胀使物价上涨，货币贬值，社会购买力下降，房地产企业的营销环境随之恶化；如果发生通货紧缩，则物价下降，社会购买力上升，消费者的购买活动会比较频繁。

4）消费者收入水平

消费者收入水平是影响社会购买力的主要因素，也是影响房地产企业市场营销活动的重要因素。消费者收入是指消费者个人从各种来源所得到的货币收入，通常包括消费者个人的工资、奖金、其他劳务收入、红利、租金、馈赠、遗产等。消费者收入的大部分转化成消费资料购买力，是社会购买力的重要组成部分。

房地产营销者不仅要分析消费者的平均收入，还要分析研究不同阶层、不同地区、不同时期的消费者收入。例如，北京、上海、广州等大城市及东南沿海开放地区的消费者收入水平较高、购买力较强，这是这些地区房地产业得以迅速发展的一个重要因素。

3. 社会文化环境

社会文化环境所蕴含的因素主要有教育水平、宗教信仰、价值观念、消费习俗、历史传统、社会阶层等。房地产营销是在一定的社会文化环境中进行的，营销活动必然受到所在社会文化环境的影响和制约。

1）教育水平

企业营销开展的市场开发、产品定价和营销等活动都要考虑到消费者受教育程度的高低，据此采取不同的策略。当前，我国高等教育开始走向大众化，每年毕业的大学生很多，他们大部分向城市集中，这一方面形成了直接的房地产需求（毕业生需要大量的租住房），另一方面也形成了长远的需求，因为毕业生经济独立、收入稳定后会买房，成为房地产市场发展的持续动力。

2）价值观念

价值观念是指人们对社会生活中各种事物的态度和看法。在不同的文化背景下，人们的价值观念往往有着很大的差异，消费者对房地产产品的环境、功能以及营销方式都有自己褒贬不同的意见和态度。企业营销必须根据消费者不同的价值观念设计产品，提供服务。

3）消费习俗

消费习俗是指人们在长期经济与社会活动中所形成的一种消费方式与习惯。研究消费习俗，有利于组织好房地产产品的开发与销售。了解目标市场消费者的习惯、避讳等是企业进行市场营销的重要前提。

4)城市历史传统文化

城市的历史是城市的特色,城市历史传统文化会对房地产项目经营产生深远的影响。历史悠久城市的市民往往受传统文化的熏陶,形成了独特的审美眼光,对房地产产品有独特的要求。从住宅来讲,古城市民要求房地产要有地方文化背景、有人文关怀、有温暖的感觉,这使房地产企业面临更加个性化的市场。

4.人口环境

市场是由具有购买欲望和购买能力的人所构成的。房地产企业营销活动的最终对象是购买者,因此,人口因素影响房地产市场的规模及结构,是影响企业营销活动的一个重要因素。人口因素包括人口数量及其增长率、人口结构、家庭规模及结构等。研究人口因素,对房地产企业准确选择目标市场、进行市场定位有重要的指导意义。

1)人口数量及其增长率

人是市场的主体,人口数量及其增长率与市场规模有着密切的关系。在购买力一定的情况下,人口数量越多、增长越快,则市场规模和市场容量越大,企业的营销机会越多。因此,房地产企业在某一地区开展营销活动时,首先要了解该地区的人口数量,它是房地产需求的上限。但是,人口数量及其增长率对房地产企业营销活动的影响也是双向的。如果人口增长速度过快,会导致消费者的购买力下降,也会导致消费结构的变化,消费者家庭收入中的大部分将用于食物等基本需求方面的支出,从而减少或延缓住房的消费。

2)人口结构

人口结构包括人口的年龄结构、性别结构、民族结构、文化结构和职业结构等。不同年龄的消费者,因心理和生理特征、经济收入、购买力水平不同,对住房的需求存在较大差异。青年消费者在购买住房时,受其经济能力限制,往往购买小户型的住房;中年消费者事业有成,经济收入较高,购买力较强,往往购买舒适、宽敞的住房;老年消费者在购买住房时,往往选择环境安静、有配套医疗设施的住房。此外,人口的民族结构、文化结构等因素对房地产消费需求、消费方式和购买行为也有较大影响,房地产营销者也应予以重视。

3)家庭规模及结构

房地产,尤其是住宅,主要是以家庭为单位进行消费的。因此,研究房地产市场需求的变化,需要先研究家庭的变化。目前,世界各国家庭变化的一个共同趋势是家庭规模小型化,即家庭的平均人口减少,而家庭户数增加。家庭规模的变化,导致商品住宅总需求量增加,同时也对住房的户型面积、结构、内部装修等方面提出了新的要求。房地产企业应根据消费者需求的变化,及时提供适销对路的住宅。

5.科学技术环境

科学技术环境是指企业所处社会环境中的科技要素及与该要素直接相关的各种社会

现象的集合。房地产企业的科学技术环境大体包括 4 个基本要素：社会科技水平、社会科技力量、国家科技体制、国家科技政策和科技立法。

6. 自然资源环境

自然资源环境是指具有社会有效性和相对稀缺性的自然物质或自然环境的总称，它是人类生活和生产资料的来源，是人类社会和经济发展的物质基础，同时也构成人类生存环境的基本要素。自然资源环境特点对房地产企业有着重要影响，优越的自然环境会促使房地产市场繁荣兴旺。房地产企业应该对所处地区的自然条件进行科学的分析，积极处理好自然环境与房地产业之间相互制约的关系，因势利导、扬长避短地科学利用。

3.3.1.2 房地产市场微观环境

房地产市场微观环境包括房地产企业、顾客、竞争者和公众 4 个方面。

1. **房地产企业**

房地产企业各职能部门的工作及其相互之间的协调关系，直接影响企业的整个营销活动。一个成功的房地产企业的管理者须具备多方面的素质：要有敏锐的市场嗅觉和判断力，能够在动荡不定的房地产市场中找到机会，并能准确地判断机会的成功概率；要有快速的决断能力，房地产开发项目投资大、风险大，只有快速决断，才能抓住市场机遇；还要有出色的组织协调能力，一个房地产项目需要许多人参与其中，只有依靠统一的组织，才能保证整个项目的顺利进行。

由于房地产企业各部门的工作重点不同，有些矛盾往往难以协调。如技术部门关注的是长期开发的定型产品，希望产品规格少、批量大、建设标准统一、质量管理较稳定，而营销部门注重的是能适应市场变化、满足目标消费者需求的个性化产品，希望产品规格多、批量小、标准灵活，同时实行特殊的质量管理。所以，企业在制订营销计划、开展营销活动时，必须协调和处理好各部门之间的矛盾和关系。这就要求进行有效沟通，营造良好的企业环境，以更好地实现营销目标。

2. **顾客**

房地产企业的顾客主要有消费者、生产者、中间商及政府 4 类。

（1）消费者：为满足个人或家庭消费需求购买房地产产品或服务的个人和家庭。

（2）生产者：购买房地产作为生产要素的组织。

（3）中间商：投资房地产产品并转售以从中赢利的组织。

（4）政府：购买房地产产品或服务，以提供公共服务或把这些产品及服务转让给其他需要的人的政府机构。

3. **竞争者**

房地产企业应充分掌握竞争者的相关信息，以便在激烈的市场竞争中处于主动地位。相关信息包括：竞争企业的数量，竞争企业规模的大小和能力的强弱，竞争企业的主打产品及对此产品的依赖程度,竞争企业所采取的营销策略及对其他企业策略的反应程度,竞争企业能够获取优势的特殊生产资源要素来源及供应渠道。

4. 公众

公众是企业营销活动中与企业营销活动发生关系的各种群体的总称。公众对企业的态度,会对其营销活动产生巨大的影响,它既可以助力企业树立良好的形象,也可能破坏企业的形象。所以,企业必须处理好与公众的关系,争取公众的支持和偏爱,努力营造和谐、宽松的社会环境。

公众的类型有以下6种。

(1) 金融公众：主要包括银行、投资公司、证券公司等相关从业人士,他们对企业的融资能力有重要的影响。

(2) 媒介公众：主要包括报纸、杂志、电台、电视台等媒体从业人员,他们掌握传媒工具,有着广泛的社会联系,能直接影响社会舆论对企业的认识和评价。

(3) 政府公众：主要指与房地产营销活动有关的各级政府机构部门职员,他们所制定的方针、政策对企业营销活动或是限制,或是机遇。

(4) 社团公众：主要指与房地产营销活动有关的非政府机构,如消费者组织、环境保护组织及其他群众团体的成员。企业营销活动涉及社会各方面的利益,来自这些社团公众的意见、建议,往往对企业营销决策有着十分重要的影响。

(5) 社区公众：主要指房地产项目所在地附近的居民和社区团体。房地产企业保持与社区的良好关系,为社区的发展作一定的贡献,会受到社区居民的好评,他们的口碑能帮助企业在社会上树立良好的形象。

(6) 内部公众：指企业内部的管理人员及一般员工,企业的营销活动离不开内部公众的支持。企业应该处理好与广大员工的关系,调动他们参与市场营销活动的积极性。

3.3.2 项目分析

3.3.2.1 地块基本状况分析

对地块的基本状况评估可以采用SWOT法来进行。以某市恒大梓山湖养生谷地产项目为例,可对其优势 (strength, S)、劣势 (weakness, W)、机会 (opportunity, O)、威胁 (threaten, T) 分析如下。

1. 优势

(1) 地段优势——项目地块位于某市梓山湖新城,靠近省会城市,该区域为某市未来建设重点,高校迁移到本区域,各种新建项目和配套设施将逐步完善成熟。

(2) 品牌优势——品牌资源和社会资源丰富,企业信誉良好。

(3) 交通优势——养生谷位于梓山湖新城重点区域,区域内铁路、国道、高速公路、快速通道等交通要道贯穿,半小时对接省会城市。

(4) 发展优势——项目所在梓山湖新城,各种市政配套和规划符合时代发展。

(5) 规模优势——将拥有约 34 000 m^2 健康乐园、约 29 000 m^2 医院、约 29 000 m^2 高品质星级酒店、约 14 000 m^2 国际会议中心、约 5200 m^2 缤纷商业街、约 75 000 m^2 运动公园、约 3500 m^2 幼儿园等配套设施,是集酒店、会议、运动、商业、教育、医疗为一体的全方位全龄化生态健康项目。

2. 劣势

(1) 项目所在区域尚处于开发初期,目前各种配套设施并不齐全,特别缺乏商业及娱乐餐饮设施及居民日常生活配套设施。

(2) 本地居民对老城区还有一定的依赖度,因此目前本项目所在区域人气尚显不足。

3. 机会

(1) 随着城市化进程的加快,乡镇进城人口增多,买房是其刚性需求,这将给住宅发展带来重大机遇。

(2) 社会经济发展迅速,外出务工者较多,而且其收入也在逐年提高,返乡置业人员逐年增多。

(3) 省会城市房价较高,相比之下,梓山湖新城房价满足大多数人的需求。

(4) 本地政府对梓山湖新城发展支持力度较大,为房地产市场的发展提供了有力的支撑。

4. 威胁

(1) 某市本身对周边地区辐射力较小,客源局限性较大。

(2) 某市本地居民对房价的承受力有限,大多数居民购房时可能会选择老城区等房价较低的区域,而购买力较强的居民在省会城市投资购房的可能性较大。

(3) 梓山湖新城区域内有碧桂园集团的梓山湖项目,附近还有绿地集团的城际空间站等项目,竞争压力比较大。

(4) 区域住宅三级市场并不活跃,人们购房的主要目的是自用,同时大多数人对房产的增值保值作用无明确认识,房地产投资意识淡薄。

3.3.2.2 地块基础设施分析

城市基础设施是为物质生产及人民生活提供一般条件的公共设施,是城市赖以存在和发展的基础。现仍以某市恒大梓山湖养生谷地产项目为例,分析地块基础设施。

1. 项目概况

位置:梓山湖新城梓山湖大道与滨湖大道交汇处。

内部配套:打造约 34 000 m^2 健康乐园、约 29 000 m^2 高品质星级酒店、约 14 000 m^2

国际会议中心等。

中小学：约13 000m² 小学（24个班）。

幼儿园：约3500m² 幼儿园（12个班）。

医院：约29 000m² 恒和医院。

其他：约75 000m² 运动公园。

道路交通：通过分析某市中心城区综合交通体系规划中有关机场、铁路、国道、高速公路、快速通道等交通要道的优势可知，梓山湖新城已开启全面交通时代。项目所在地距离城铁东站6km，距离高铁北站9km。

周边商业：约5200m² 缤纷商业街。

周边景观：梓山湖。

2. 主要规划指标

恒大梓山湖养生谷地产项目总用地分为健康乐园板块、住宅板块和医疗板块。总建筑面积约116万m²，项目综合容积率1.35，绿地率35.55%。

住宅地块综合容积率1.73。首期工程占地面积约535亩（1亩≈666.67m²），总建筑面积约48.21万m²。首期发售住宅面积29.85万m²，共3005套，其中瞰湖高层2957套，建筑面积为60~160m²。

3. 地块规划

功能结构：规划以中心主城带动外围新城、集镇、中心村发展的模式，形成"一核、两轴、两带、三片"的空间布局结构。

产业发展规划：大力发展现代农业、高科技研发产业、旅游产业、商贸服务业、现代物流业以及房地产业。稳步推进商贸服务区、滨湖休闲旅游区、高科技研发区、中心综合服务区等片区发展，逐步实现工业科技化、农业现代化、旅游特色化、环境生态化、居住智能化。

旅游发展规划：规划形成"一带一面多区"的旅游总体发展格局。

道路交通规划：道路网规划为"方格网+自由式"灵活布局系统。道路规划为"主干道贯通+外部环路"相连组织形式。主干路骨架系统由"四纵四横"组成，形成多处高跨、低跨、立体互通的交通形式。规划区东、西之间道路通过站前大道（铁军大道）、贺胜大道、晨曦路、城北大道进行交通联系。

3.3.3 市场定位

房地产企业的市场定位主要包括客户定位、主题定位、产品定位、价格定位、服务定位、形象定位、文化定位、营销定位等内容，以下对其中4个方面进行说明。

1. 客户定位

客户定位也就是目标市场选择，即在市场分析和市场细分的基础上选择一个或多个目标市场。选择目标市场时需要考虑目标市场的容量，使其能够保证项目获得足够的经济效益。

2. 主题定位

主题是房地产项目集中表达的特殊优势与独特的开发理念，是贯穿于项目发展各个环节的总体指导思想。主题定位的主要目的是向市场传达项目的开发理念，展示项目独特个性，突出项目竞争优势，塑造项目品牌形象，最终实现项目市场价值的提升。

3. 产品定位

产品定位是将目标市场与产品相结合的过程，也是主题定位的具体化。由于影响房地产产品的因素众多，因此产品定位的内容也非常丰富。产品定位需要考虑的问题包括产品功能与类型、产品档次、建筑规划、配套公建（公共建筑）、景观环境等方面。

（1）产品功能与类型定位：主要考虑项目产品的类型及其组合。比如，项目产品是住宅还是写字楼；如果是住宅，则是别墅还是公寓；如果是公寓，则是多层还是高层；或者是住宅与写字楼、别墅与公寓、高层与多层等不同功能类型房地产的综合。

（2）产品档次定位：确定项目建筑材料、配套设施及整体造价水平的高低。比如，项目定位为豪宅的，要考虑是否采用高档的水龙头、台盆、坐便器等洁具设施。

（3）建筑规划定位：考虑项目的整体布局、建筑密度、容积率、绿化率、建筑风格、户型大小及其比例、结构类型、建筑层高等。比如，户型是采用狭长型还是蝴蝶型布局，主力户型的面积是多大，大、中、小户型的房屋面积分别是多少等。

（4）配套公建定位：确定交通、医疗、商业购物、体育运动、休闲娱乐等公用建筑的类型及规模。

（5）景观环境定位：考虑绿地、采光、水系等生态环境因素。

4. 价格定位

价格定位要根据客户定位、产品定位来进行，要确定房产租售价格的大致区间。

1）收集市场信息及楼盘资料

收集项目所在城市、区域以及相关政策的各种资料，了解房地产市场行情、所处周期、供求关系以及项目开发过程中的各种费用数据。

2）测算开发成本

以项目所在城市房地产建设相关税费收费标准及项目自身情况为基础，测算项目在建造、管理、销售等方面的开发成本。

3）分析竞争对手

全面了解竞争对手房产项目的价格、户型、面积区间、客户类型等信息，分析本企业项目与竞争者项目间的差异，做细化对比。通过对比研究，明确项目定位，找出优势与劣势，大体确定项目的价格水平。

4) 了解客户需求意向

通过认购、客户深度访谈等方式，了解他们的偏好、关注点，分析客户构成、置业目的、客户对价格的接受程度等。

5) 确定定价目标，选择定价方法

定价目标是制定价格的核心影响因素。实现利润最大化目标、市场占有率目标、存活目标、品牌塑造目标等，需要采取完全不同的定价策略，这对于楼盘的成功销售至关重要。

定价方法主要包括成本导向定价法、需求导向定价法、竞争导向定价法和可比楼盘量化定价法。

6) 对价格进行修正，选取最终价格

利用选择的定价方法，得出项目均价，然后综合项目自身因素，确定最终价格。

3.3.4 定价策划

价格是房地产市场中最活跃、最敏感、最重要的因素之一，房地产项目定价操作的好坏直接关系到楼盘销售的成败。定价策划是指开发商为实现其经营目标而对房地产产品的价格制定和价格调整等方面进行的规划。

3.3.4.1 影响房地产价格的因素

房地产价格的形成和涨落，与诸多因素有关。这些因素对房地产价格的影响程度虽然不尽相同，但却形成了一种共同影响价格的合力。

1. 政治因素

政治因素对房地产价格具有极大的影响。一个国家和地区的政治是否稳定，会直接影响人们置业的信心。房地产是一种不动产，人们一旦投入资金，就需要一定的时间才能收回投资。所以，一般来说，当政治稳定时，房地产价格上涨；当政局动荡时，房地产价格便下跌。在中英两国政府草签关于香港问题的联合声明前后，由于政治因素影响到当时香港人对香港前途的信心，该地房地产价格出现了先跌后升的现象。

2. 政策因素

政策因素的影响相当广泛。国家的财政和金融政策是否鼓励投资，会影响到房地产业的发展及人们对房地产的需求。租税负担政策会影响企业的经济承受力，若租税负担增加，会抑制产业的活动，导致房地产的价格下降。土地利用管理的法规对土地的转让和使用的限制会影响土地价格。住宅政策影响住宅的供需及价格，如把住宅作为社会福利建设或把它作为商品来经营，其价格会有很大差别。此外，国家的物价政策、产权管理制度、就业政策等对房地产价格也有一定的影响。

税收政策直接关系到房地产收益值的高低。征税是财政政策的主要手段，它通过税种和税率的变动来调节社会总供给和总需求。涉及房地产方面的税种主要有土地使用税、土地增值税、房地产税、房地产开发契税、营业税、个人所得税、印花税等。近年来，我国房地产发展极为迅速，房价涨幅过大，为了规范地产税收，发挥税收的调控作用，国家制定了一系列税收政策，对于控制房地产价格起到了一定的作用。

3. 人口因素

人是房地产最终的享用者，人口构成市场的基本要素。影响房地产价格的人口因素主要有人口总数、人口增长率、人口结构、家庭规模等。人口环境的变化，直接影响房地产市场的变化。人口增多，意味着市场规模容量的扩大，房地产的需求增大，价格上涨；反之，人口流失时，房地产需求就停滞，甚至衰退，价格也跟着下跌。

但是，不同职业、不同阶层的人群对房地产的需求是不一样的。每个房地产开发企业必须依据人口的实际情况选择自己的目标市场，制定合适的价格。人口的年龄结构、文化结构、地理分布等也会导致对房产的需求不一样，进而影响房地产的价格。

4. 规划因素

城市规划在很大程度上左右着土地的使用功能，从而影响房地产的价格。例如，某地规划为住宅区，或是商业区、工业区，其房产价格会有很大差别。规划还包括对建筑密度和容积率的规定。建筑密度和容积率会影响土地的利用率，进而影响单位建筑面积分摊的地价，最终影响房产和地产的价格。此外，对某些重大项目的规划会影响建筑项目附近房地产的价格，例如，规划在某处建设火车站、主干道或多功能购物中心等，则其附近房地产的价格会上升；而若规划在某处建设垃圾处理场、化肥厂等，则其附近房地产的价格会下跌。

5. 经济因素

影响房地产价格的经济因素主要有经济发展状况，储蓄、消费、投资水平，财政收支以及金融状况，物价（特别是建筑材料价格），建筑人工费，利率，居民收入等。

1）经济发展状况

经济发展预示着投资、生产、经营活动活跃，对厂房、办公室、商场、住宅和各种文娱设施等的需求增加，引起房地产价格上涨，尤其是引起地价上涨。如20世纪80年代，亚太地区的日本、新加坡、韩国等国家和中国台湾、香港等地区经济持续高速增长，地价也相应地大幅度上涨。

2）物价

房地产价格与一般物价之间的关系非常复杂。通常物价波动，表明货币购买力的变动，即币值发生变动，此时房地产价格也将随之变动。如果物价变动的百分比等于房地产价格变动的百分比，则表示两者之间的实质关系并未改变，否则说明两者之间发生了变化。就宏观上地价上涨与物价上涨的因果关系，目前存在两种观点：一种观点重视"地价上涨—抵押力量增大—信用膨胀—物价上涨"这种因果关系；另一种观点则注重

"货币量的增加—物价上涨—地价上涨"这种因果关系。其实，这两种观点正揭示了地价与物价互为因果的关系以及在不同的社会经济条件下的具体作用形式。从一段较长时期来看，地价的上涨率要高于物价和国民收入的上涨率，但有时也并非如此。

3）居民收入

随着居民收入的增加，生活水平的提高，人们对居住和活动所需要的空间的需求也因此俱增，导致房地产价格上涨。至于居民收入对房地产价格影响的程度，要由收入水平及边际消费倾向的大小来定。如果居民收入增加，是由于中、低收入水平者的收入普遍增加，则因其边际消费倾向较大，其增加的收入大部分甚至全部会用于改善生活，包括提高居住水平，所以自然促使居住房地产价格上涨。但如果居民收入增加，是由于高收入水平者的收入增加，那么因为其生活上的需要几乎完全被满足，所以其边际消费倾向甚小，其增加的收入大部分甚至全部都会用于储蓄或其他投资，在这种情况下，居民收入增加对居住房地产的价格变动影响就不大。但如果利用剩余收入从事房地产投机（或投资），则必然会使房地产价格上涨。

6．心理因素

心理因素是指房地产交易者对未来政局和经济前景的信心等，它将作用于房地产市场而对房地产价格造成影响。

如果人们对政治、经济前景持乐观态度，尤其因预想房地产价格要上涨而哄购房地产，就会人为地抬高价格；反之，如果人们对前景不乐观，不看好房地产价格的变动，就会出现抛售楼宇的情况，使房地产价格下跌。

除此之外，价格预期、购买或出售心态、欣赏趣味、时尚风气、价值观的变化等心理因素也影响着房地产的价格。

7．房地产内在因素

1）位置因素

房地产位置的优劣直接影响所有者或使用者的生活满足程度、经济收益或社会影响，因此，房地产坐落的位置不同，如是坐落在城市还是乡村，是位于城市中心区还是边缘地带，是临街还是不临街，是处于向阳面还是背阳面，价格会有较大的差异。尤其是城市土地，其价格高低几乎为位置优劣所左右。房地产的自然地理位置虽然固定不变，但其社会经济位置却会发生变化，这种变化可能是由于城市规划的制定或修改、交通建设或改道，也可能是由其他建设引起的。当房地产的位置由劣变为优时，其价值会上升；反之，其价值会下跌。

2）地形地势和地质因素

地质条件决定着土地的承载力，也决定着建设费用的高低。建造同样的建筑物，地质条件好的土地，需要的基础建设费用低，从而地价高；相反，需要的基础建设费用高，地价则低。地形、地势影响到房地产的开发建设成本或利用价值，从而影响其价格。一般来说，土地平坦，地价较高；土地高低不平，地价较低。当其他条件相同时，地势高的房地产的价格要高于地势低的房地产的价格。

3）土地面积和外形因素

同等位置的两块土地，由于面积大小不等，价格会有高低差异。一般来说，凡是面积过于狭小而不够经济实用的土地，地价必低；相反，地价则高。土地外形是否规则，对地价也有一定影响。矩形土地的价格较高，其他形状的土地价格则偏低。

4）建筑物本身因素

建筑物的规划设计、平面格局、功能、质量、外观形象等因素，对房地产价格均有较大影响。以建筑物的外观形象为例，它包括建筑式样、风格和色调等。建筑物外观新奇、美丽，可以给人以舒适的感觉，价格就高；反之，建筑物外观单调、呆板，很难引起人们强烈的享受欲望，甚至令人感觉压抑，价格就低。

8. 周边环境因素

周边环境主要包括生态环境、人文环境、经济环境。任何环境的改善都会使房地产升值。了解房地产能否升值，关键是要研究城市规划，了解各种环境，适时投资。

3.3.4.2 房地产定价的程序

所谓房地产定价程序，就是根据房地产企业的营销目标，确定适当的定价目标，综合考虑各种定价因素，选择适当的定价方法，具体确定企业房地产价格的过程。一般来说，房地产定价程序可以分为10个步骤。

1. 收集整理市场信息及定价标的楼盘资料

房地产企业要收集开发楼盘所在城市、区位，尤其是项目地块周边同档次楼盘的资料，调查楼盘位置、占地面积、建筑面积、容积率、小区配套设施、主要户型、房屋装修、均价、单元价等信息。同时整理企业内部楼盘开发过程中的各种费用数据。

2. 估计成本和需求

进行价格定位之前，必须掌握楼盘的成本结构，准确估计楼盘的各项建造成本、销售费用、管理费用和筹资费。

期房的定价比现房定价更为复杂，期房在定价之时有许多成本核算及费用尚未发生，有一定的风险存在，开发公司一般降低风险的办法就是将建筑工程打包给建筑公司，核算出一个整体价格，这样就减小了建设工程中建筑材料、人员成本增加等因素的影响。

3. 分析竞争对手

掌握本楼盘的成本结构后，应分析自己和竞争者之间产品的差异程度，了解不同产品的特征（如楼盘周边配套、道路交通、楼盘内部配套环境等）对价格的影响，并进行量化分析，找出本楼盘在产品性质、特征上的优势，根据竞争者的价格确定适合自己的价格水平。

4. 选择房地产定价的目标与基本方法

进行产品定价之前，必须对楼盘的营销目标进行深入研究，考虑竞争环境，权衡地产营销中的各种关系，依据楼盘的定位、发展商自身实力，确定合理的定价目标。如对于豪华商品房，可选择最大利润定价目标；若开发商规模较小，可采取避免竞争的定价目标。

5. 决定楼盘的平均单价

发展商在开发土地时，通常会预估一个平均单价，但由于市场竞争、时机差异、产品规划、开盘目标等因素影响，正式销售前还要再确定平均单价水准，用作细部价格制定的依据。要先区分楼盘中差异性明显的产品，如商铺与住宅、大厦与别墅、框架结构房与砖混结构房等的平均单价，以充分地掌握产品差异的程度。

6. 决定各期、各栋的平均单价

决定楼盘的平均单价时，若为大规模楼盘分期销售，可就各期制定平均单价。若规划为数栋建筑，则可评价各栋的差异因素及程度，如栋距、楼层数、景观、是否临街等，据此决定各栋平均单价。除评估差异条件之外，还需检视各期或各栋的可销售面积。有如下关系式：各期或各栋平均单价×可销售面积＝楼盘平均单价×可销售面积总和。

7. 决定楼层垂直价差

所谓垂直价差，是指同一幢建筑物中同一朝向、不同楼层之间的价格差距，通常以每平方米的单价差额来表示。随着城市规模的不断扩大及城市化进程的加快，楼盘已从一般的多层发展到带电梯的小高层、高层及摩天大楼，因此，垂直价差的确定成了房地产价格策略中不可或缺的一项。

一旦决定了各楼层之间价格高低的顺序，接下来即需选定垂直价格的基准层，即垂直价差为0的楼层。其他楼层即可根据基准层做正负价差。有关基准层的确定须视住宅楼层的数量而定，通常取价格顺序居中的楼层。

在多层楼房中，如总层数为7层，一般可将2层楼的售价定为基数。3~5层由于层次居中，采光条件好，通行也较方便，其售价一般可达基价的104%~106%。底层采光条件较差，售价只能达到基价的90%。6层虽然采光条件不错，但由于位置较高，通行不便，售价往往只能达到基价的95%。而顶层（带阁楼或空中花园的除外）除通行不便外，还有因楼顶直接与外界接触，容易因日照、降水等自然侵袭使房屋受损的缺点，因此其售价可定为基价的85%左右。

至于各楼层与基准层的价差，也因产品而异。多层住宅高度较低，各楼层的采光通风等条件基本相同，因此楼层的价格差距一般在50~100元/m^2。而高层住宅，特别是二三十层的高层，楼层的价格差距一般在100~200元/m^2。楼层数越多，则最高与最低单价楼层的价差也越大。

8. 决定水平价差

决定了垂直价差以后，接下来就要着手确定水平价差。所谓水平价差，是指在同一楼层、不同户别每平方米的价格差距。在同一水平层面，已经排除了楼高的差异，在制定水平价差时，需先确定同一水平层面的户数或单元数。如果建筑物各个楼层的户数都相同，而且相对位置也相同（这类楼层俗称为标准层），则只需制定一个楼层的水平价差，其余楼层均可参照；但如果楼层之间的户数不同，或者户数虽然相同，但相对位置却不同，则需各自确定不同楼层的水平价差。还有一种情况是户数及相对位置均相同，但楼层之间的邻近环境却不同，如6楼以下均有邻栋建筑，7~8楼则无遮挡，也会影响相互间的水平价差。

9. 调整价格偏差

确定各户型单价后，还需检核整体的平均单价是否与原先预定的平均价格相符。将各户的面积乘以各户单价得出楼盘全部的可销售金额，将可销售金额除以全部可销售面积，得出所确定的平均单价。

由于各户面积不一，因此最后所得的平均单价可能不等于原先预定的平均价格，此时可将差异金额等比例调至相同。

10. 确定付款方式

付款方式包括一次性付款、分期付款、银行按揭等方式。

3.3.4.3 房地产定价的方法

房地产定价方法主要有成本导向定价法、需求导向定价法、竞争导向定价法、可比楼盘量化定价法。

1. 成本导向定价法

以成本为导向的定价方法就是房地产企业在定价决策中，主要考虑产品的成本因素而不考虑或很少考虑市场需求和竞争等方面因素的一种定价方法。

2. 需求导向定价法

所谓需求导向定价，是指以需求为中心，依据买方对产品价值的理解和需求强度来定价，而非依据卖方的成本定价。其主要方法有理解价值定价法和需求差异定价法。

3. 竞争导向定价法

竞争导向定价是企业为了应付市场竞争的需要而采取的定价方法。它是企业以竞争者的价格为基础，根据竞争双方的力量等情况，制定比竞争者价格更低、更高或相同的价格，以达到增加利润、扩大销售或提高市场占有率等目标的定价方法。对于房地产企业而言，当本企业所开发的项目在市场上有较多的竞争者时，适宜采用竞争导向定价法确定楼盘售价,以促进销售,尽快收回投资,减少风险。竞争导向定价法又分为跟随型定价法和主动竞争定价法。

4. 可比楼盘量化定价法

可比楼盘量化定价法简称比较定价法,是将本楼盘与周边楼盘进行比较,根据比较因素及其权重进行量化的定价方法。可比楼盘量化定价法是利用已被市场验证的类似房地产的成交价格来确定估价对象的价格,是一种最直接、最有说服力的估价方法。比较过程是定价人员站在消费者的角度进行评比打分,结合竞争导向定价法与需求导向定价法进行估价,该定价法被广泛运用。进行量化统计的楼盘应为可比性较强的,地段、价格、功能、用途、档次都相近的现楼、准现楼或期房。每一楼盘定级因素的具体指标及等级划分,只有落实到具体楼盘所在片区,才能清楚地描述。

3.3.4.4 房地产定价策略

房地产定价是操纵市场的强有力杠杆,是兑现开发商利润的关键环节。房地产定价策略主要分为开盘定价策略、过程定价策略、时点定价策略及尾盘定价策略。

1. 开盘定价策略

在整个价格策略中,开盘定价是第一步,也是最为关键的一步。事实证明,好的开端往往也意味着成功了一半。

1) 低价开盘策略

低价开盘策略是指新开盘以低于市场行情的价格销售,以吸引市场和消费者的关注,迅速打开市场。它适应于项目定位档次不高、产品无明显特色、开发成本与预期利润较低、市场上同类产品竞争激烈或规模较大的项目。

2) 高价开盘策略

高价开盘策略是指为了在短期内获取最大利润而对新开楼盘以高于市场行情价格销售的策略。该策略适用于项目档次较高、价格弹性较小、产品特色鲜明、综合性能较佳、开发商形象较好的项目。

3) 中价开盘策略

中价开盘策略是指新开楼盘以对买卖双方都有利的价格来销售的策略。

2. 过程定价策略

由于定价工作复杂,市场销售环境多变,房地产企业应在营销过程中采取一定的价格调整策略。

1) 低开高走策略

这种价格策略是指项目在开盘时价格较低,但随着销售的推进,售价不断调高。在房地产项目综合素质较高,但初期优势不明显或市场发展趋向不明朗的情况下,为取得市场认同,适宜采用低开高走策略。房地产项目应低价入市,根据销售工作的开展,视具体销售进展的好坏情况适时调价,决定每次价格提升的幅度。当然,如果项目的确综合素质较低,市场认同感差,且市场状况不好、竞争较为激烈,房地产项目一般只能采取以价格取胜的低开低走策略。

2)高开高走策略

在市场状况好、竞争不激烈且项目自身规模不大的情况下,房地产企业可以突出项目优秀品质,提升房地产项目的知名度,高价报盘,高价成交,在短期内迅速获得市场认同,即采取高开高走策略。

3)稳定价格策略

这种价格策略是指在整个营销期间,楼盘的售价始终保持相对稳定,既不大幅度提价,也不大幅度降价。这种策略一般适用于房地产市场状况稳定区域内的楼盘销售,即房地产开发项目销售量小或项目销售期短时可采用。例如,利用稳定价格策略销售大客户购买物业后剩下的小部分物业。

3. 时点定价策略

时点定价策略即以销售价格为基准,根据不同的销售情况适当调整各出售单位价格的策略。时点定价策略大致有以下几种。

1)折扣和折让定价策略

这种策略是在定价过程中,先根据建造好的商品房定出一个基本价格,然后再以各种折扣和折让来刺激中间商或客户,以促进销售。常用的折扣或折让主要有现金折扣、数量折扣及职能折扣。

(1)现金折扣。现金折扣指在赊销的情况下,卖方为了鼓励买方提前付款,按原价一定比例给予的折扣。这种折扣在西方很流行,它能加强卖方的收现能力,降低信用成本,并阻止呆账的发生。在我国,一些房地产开发商也采用这种方法,如"以现金一次性付清购房款就可以享受92折优惠"等。

(2)数量折扣。视购房者购买数量不同而给予不同价格优惠的策略,称为数量折扣策略。客户购买量越大,给予的折扣率越高。数量折扣可以按每次购买量计算,也可按一定时间内的累计购买量计算。对于房地产开发商来说,合算的数量折扣金额应小于零售费用与按零售延迟的平均出售时间计算的利息之和。由于房地产商品的价值量较大,个人批量购买的可能性较小,因此,这种折扣策略大多用于单位或团体购买。

(3)职能折扣。根据各类中间商在房地产营销中所担负的职能不同而给予不同的折扣,称为职能折扣,也称为贸易折扣。例如从事房地产销售的中间商,有的只负责收集信息、联系客户,有的不仅联系客户、出售房产,还负责办理有关产权登记等工作,因此,房地产开发商可针对不同的中间商提供不同的折扣,这样才能调动中间商的积极性,以促进本企业商品房的销售。

2)单一价格策略

所谓单一价格策略,是指不分楼层朝向,无论购买多少,也不管购房对象是谁,所有销售单元都采用同一价格。它的优点是顾客容易确认价格水平，增加顾客对卖主的信心，使不善砍价的顾客不易产生吃亏的感觉，对于提高楼盘知名度、树立企业品牌形象具有积极的促进作用，同时也可以节省交易时间，便于交易的顺利进行。但单一价格策略也有其缺点。因为即使在同一楼盘中，不同单元也或多或少地存在着层次、房型、朝向、采光等方面的差异，如果对所有单元都采取"不二价"的价格策略，必然导致那些存在缺陷的"死角房"难以售出。因此，在现代市场营销中，开发商一般不愿意使用这种定价策略。

3）差别定价策略

差别定价策略是指企业在销售商品时，根据商品的不同用途、不同交易对象等采用不同价格的一种定价策略。差别定价策略一般有以下几种形式。

（1）根据同一楼盘中不同单元的差异制定不同价格。在同一栋商品房中，虽然设计方案、施工质量、各种设备等都一样，但各单元之间存在着层次、朝向、房型、采光条件等方面的差异。开发商可根据上述情况来综合评定各单元的优劣次序，从而确定从高到低的价格序列。

由于各种经济或非经济因素的作用，消费者对于商品房的需求在不断发生变化，由此可能引起在不同的时间、不同房型商品房的市场需求量的变化。因此，开发商可以根据市场需求，对于不同房型的商品房制定不同的售价，以促进销售。例如，在某一楼盘所面对的消费对象中，三室两厅或三室一厅比较受欢迎，或者说有"明厅"的单元较受青睐，那么开发商可以将这种类型的单元的售价定得略高一些，而将两室一厅和一室一厅或那些属于"过道厅"房型的单元的售价定得略低一些。

（2）对不同的消费群体制定不同的价格。某些楼盘所面对的消费群体的范围可能比较大，开发商可以针对不同消费群体制定不同的售价。例如，对于普通消费者照价收款，而对于教师购房则给予九折优惠等。采取这种策略，可以体现房地产企业重视教育、重视知识分子的良好风尚，有助于在社会上树立企业形象，提高企业的知名度，从而提高企业的竞争力。

（3）对不同用途的商品房制定不同的价格。房地产开发商可根据购房者购房后的不同用途（如用作办公楼、职工宿舍等）采用不同的定价。

4）用户心理定价策略

用户心理定价策略是根据用户求廉、求吉利等购房心理，微调销售价格，以加速销售或取得更大效益的定价策略，常用的有以下几种。

（1）尾数定价策略。这种定价策略是根据消费者求廉的心理，制定非整数价格，以零头数结尾，使消费者感觉物品价格便宜。商品房由于价格要比普通商品高得多，所以，其价格一般不会精确到小数点后面的位数，而大多精确到十位或个位，比如1980元/m^2、2388元/m^2等。消费者之所以会接受这样的价格，原因主要有两点：一是尾数价会给人便宜很多的感觉。如开发商定价为1980元/m^2，虽然事实上1980元与2000元只相差20元，但一个属于千元档，一个属于两千元档，消费者会感觉价格相差较大。二是有些消费者会认为整百、整千的定价是概略性的定价，不够准确，精确到十位甚至个位的价格会让消费者认为开发商定价认真，从而对其产生信任感。

(2) 整数定价策略。对于同种类型的商品房，往往有许多房地产企业开发建设，但其设计方案、内外装修等各有千秋，消费者往往以价格作为辨别质量的"指示器"。特别是对于一些高档别墅，其消费对象多是高收入者和上流社会人士，他们往往更关注楼盘的档次是否符合自己的要求，而对其单价并不十分关心。这类消费者购买高档商品房的目的除了自我享用以外，还有一个重要的心理因素，就是显示自己的财富或地位，因此，在这里采用整数定价法可能比尾数定价法销路要好。

(3) 习惯心态定价策略。习惯心态定价策略就是根据某些消费者的习惯心理制定商品房的价格。例如时下房地产开价比较流行使用吉利数字，如 5888 元/m^2、8888 元/m^2 等，这可能会满足客户求吉利的心理；而类似18号、88号、808室之类口彩较好的门牌号码，若其售价定得略高一些，也未必会对其销量产生多大的影响。

(4) 首尾定价策略。这种定价策略是将楼盘中最早面市的部分单元以相对低价销售，取得促销轰动效应；将楼盘最后难以出售的"死角房"，亦以较低的价格出售，从而形成开盘价格与收盘价格的首尾呼应。因为一旦房屋设计由于种种主客观原因而存在少许疏漏（如房型、通风条件等欠佳），或存在轻微的天然缺陷（如室外噪声污染较为严重）等，这些有"败象"的房屋就较难售出，唯有降低价格才能激发消费者的购买欲望。

(5) 满意定价策略。所谓满意定价策略，是指制定的楼盘价格既不等同于获取高额利润所定的价格，也不等同于商品房建造的最低成本，而是在这两者中间，使开发商和购房者都满意。采用这种定价策略，容易赢得消费者的好感，有助于树立企业形象，从而打开市场销路。

4. 尾盘定价策略

降价销售是处理尾盘的主要手段，分为明降和暗降。明降可能造成项目形象的贬值，因而更多采用暗降。比如，降低首付、免物业费、送装修、送花园、送电器等，或对特定客户推出特价房等。

3.3.4.5 房地产价格调整策略

1. 房地产项目价格控制

房地产营销最实质的内容是价格控制，所以要制定科学合理的价格控制方案，并掌握相关原则。

1) 价格控制方案与指标

有序控制房地产项目价格，应预先慎重设计价格控制方案，安排控制指标。一般价格控制方案中主要设置这4个控制价格：开盘价、封顶价、竣工价、入住价。同时，控制方案还要设置与此价格相适应的房产销售比例，一般分别为30%、30%、30%、10%。

2) 价格控制的基本原则

（1）逐步渐进提高。让消费者感觉越早买越好，不买还要涨，代价会更高。

（2）留有升值空间。让消费者感觉买得不吃亏，财富还会升值。

3) 价格控制应避免的三种情况

（1）价格下调。这对前期已经购房者不利，造成其已购房屋贬值；对以后销售也不利，造成潜在购房者观望情绪更浓。

（2）价格做空。这会造成有价无市。

（3）价格上调太快，缺少价格空间。有的开发商在项目开盘不久后发现自身楼市取得了一些业绩，就误以为上市价格太低，于是过快或过大幅度地上调房价，致使市场应预留的空间失去，由此失去市场。一旦发现价格控制失误，再欲下调价格又无法下调时，便会束手无策。

2. 房地产项目价格调整

房地产价格调整是指在销售过程中，按预想的情况或者因预想情况与实际情况出现偏差而作出的价格调整。

房地产项目的价格调整策略是指在房地产项目整体定价确定的前提下，在销售过程中，根据房地产项目及市场的发展情况，引导价格发展走势的策略。在不同的房地产项目中，由于项目自身的各项素质差异很大，加之市场状况不同，每个房地产项目会根据自己的特点采取不同的价格调整策略，以正确引导房地产项目价格走势。准确、合理的价格调整策略，是出色销售工作的基础和前提，调价策略来源于房地产项目市场定位，而最终服务于销售策略。

3. 房地产价格调整过程

1) 市场验证

房地产价格在调整前需要进行市场验证。如果房地产项目市场销售状况好，则原先的定价方案通过验证；否则，就需要采用分析方法查找原因，然后进行价格调整。

2) 市场价格分析

对没有通过市场验证的价格需要进行分析，分析方法如下。

（1）价格敏感度分析。营销人员通过一般市场调查、成交客户分析、售楼现场调查等方法，找出目标客户的理性价格区间，作为价格敏感度分析的依据；一般来说，低档盘和中档盘的客户对单价及总价都较为敏感，而高档盘的客户只对总价敏感。

（2）难点户型价格分析。一般情况下，若各户型销量均衡，则基本上可以判断没有难点户型，但如果一种户型特别难以"消化"，则此种户型可作为难点户型处理。

3) 调整价格

（1）根据市场反馈信息验证预先的设想，如果设想通过验证，价格可按预先设想来调整；如果设想没有通过验证，就需要根据市场反馈信息重新制定价格策略。

（2）价格调整涉及对难点户型均价的调整，对难点户型不同层次和朝向价格差的调整，对难点户型的重点推荐等。

（3）调价策略。房地产价格低开高走、高开低走、低开低走、高开高走和平稳推进都是理想状态下的价格策略，在现实的营销工作中很难维系。实践证明，很多项目各楼栋的品质因为位置、景观、交通等因素的影响而差异较大，而且市场状况的好与坏在很多情况下也是很难判断的，所以波浪螺旋调价策略应运而生。

波浪螺旋调价策略是一种结合房地产市场周期波动而调整价格，使其发生同步的周期性波动的房地产调价策略。调价周期应以房地产市场周期、项目的销售速度和最终利润的回收作为判断标准，可根据工程进度及销售情况，对提价幅度及周期进行进一步细化调整。调价时，应考虑不同楼栋在销售速度上的差异，分别调整提价幅度，避免"一刀切"的做法。

在房地产项目品质一般、规模较大且市场发展趋势不太明朗的情况下，多数项目应该采取波浪螺旋的调价策略，这样可以加快房产销售速度，实现良好的业绩。

3.3.5 营销渠道策划

营销渠道是指产品从生产领域进入消费领域的途径以及相应的组织机构。正确选择营销渠道有助于尽快将商品传送到最终用户手中，达到扩大销售量、加速资金周转、满足人民生活需要的目的。

1. 营销渠道的类型

营销渠道的起点是生产者，中间商包括批发商、零售商、代理商和经纪人等，终点是消费者。营销渠道有以下三种类型。

1）直接营销渠道

直接营销渠道是指在房地产产品的销售过程中没有中间商的介入，由开发商自行组建销售队伍，将房地产产品直接销售给消费者的营销渠道，又称为零级营销渠道。采用直接营销渠道的销售方式称为直销。

2）间接营销渠道

间接营销渠道是指开发商借助一个或多个中间商将房地产产品销售给消费者的营销渠道。

3）代理营销渠道

代理营销是指房地产经纪机构在受委托权限内，以委托人的名义与第三方进行交易，并由委托人直接承担相应法律责任的行为。

2. 营销渠道设计应考虑的因素

1）产品因素

（1）产品特性。产品特性是影响营销渠道选择的关键因素之一。对于房地产企业来说，产品特性是很重要的，主要包括房屋类型、面积、价格等。房地产企业需要根据不同的产品特性选择不同的营销渠道。例如，选择线上渠道有助于推广价格较低的小户型房屋，选择线下渠道可以更好地展示大型住宅区的风貌和特点。

（2）产品市场生命周期。在产品市场生命周期的不同阶段，应选择不同的营销渠道。在导入期，由于房地产销售量较小，影响范围有限，需要组建一个专门的销售队伍进行宣传。在成长期，随着市场占有率迅速增长，开发商需要扩大规模，渠道结构也会随之调整。这时分销商进入，同时分销商数量可能会逐步增加，产品分销从独家代理转为多家代理制，竞争开始变得激烈，销售渠道呈网状结构，各种渠道开始相互冲击。

（3）产品开发量。房地产开发量的大小也会影响房地产营销渠道的选择。开发量大的往往要通过房地产中间商，以扩大房地产的租售面，如那些开发量超过 10 万 m^2 的楼盘大多都委托房地产中间商代理，有的还同时委托多家中间商帮助租售；而开发量仅为 1 万～2 万 m^2 的楼盘则大多采用开发商直销的方式。

2）市场因素

（1）潜在消费者的状况。如果潜在消费者多且分布分散，市场范围大，就要利用房地产中间商广为推销；若市场范围小，消费者少且集中，则一般由开发商直接租售。

（2）消费者特性。消费者特性也是影响营销渠道选择的关键因素之一。不同消费者有不同的购买习惯和偏好，例如，年轻人多通过互联网渠道获取房产信息，而老年人更偏向通过当地的销售代理等线下营销渠道了解房产信息。因此，房地产企业需要根据不同的消费者特性选择不同的营销渠道，以提高营销效果。

（3）竞争性商品。同类商品一般应采取同样的分销路线，这样比较容易占领市场。

（4）需求量影响。对于需求量大的房地产项目，如普通居民住宅，一般应减少中间环节，由开发商直接销售；对于需求量较小的房地产项目，如高级别墅，为了打开销路，往往需要引入房地产中间商进行间接销售。

另外，市场因素还包括市场性质、市场基本设施、市场条件等，但这些因素对房地产营销渠道的选择来说影响较小。

3）竞争者因素

应尽量避免和竞争者使用一样的分销渠道。

4）开发商因素

（1）产品组合情况。如果产品组合的宽度和深度大（产品的种类、规格多），开发商可能直接将产品销售给各零售商，这种分销渠道是较短而宽的（开发商—零售商—消费者）；反之，如果产品组合的宽度和深度小（产品的种类、规格少），开发商一般会先通过批发商转卖，这种分销渠道是较长而宽的（开发商—批发商—零售商—消费者）。

（2）能否控制分销渠道。若要控制分销渠道，就要加强销售力量，从事直接销售，使用较短的分销渠道；反之，一般通过若干中间商推销其产品，这种分销渠道是较长而宽的。

5) 环境因素

环境因素中的消费需求变化和社会行为变化是直接影响渠道行为的因素，渠道成员应保持敏锐的观察力，作出适应这些变化的经营决策；在社会文化环境中形成的社会价值观念是时时刻刻影响渠道行为的重要因素，任何渠道成员的市场营销活动都必须符合社会价值观念。

3.3.6 广告策划

房地产广告策划不但是建造与销售的桥梁，更是楼房品质的具体延伸。通过广告，房地产企业可以更好地把产品推广出去。

1. 广告呈现的内容

1) 企业或项目名称

企业或项目名称通常还包括企业和项目的品牌标识。

2) 项目概况

项目概况主要包括开发商、设计单位、施工单位、策划推广机构、项目位置等信息。

3) 售楼信息

售楼信息主要包括项目地址和销售电话等。

4) 楼盘形象

采用建筑物形象来表现楼盘形象时，需注意以下问题。

（1）楼盘形象不一定要以整栋建筑物的全貌来表现，也可以将重点放在某种建筑符号和建筑细部上，将这些细部元素突出放大，会具有强烈的艺术效果。

（2）如果要表现建筑物的整体形象，最好将周围的景观或者其他的建筑物结合起来，展现一个错落有致的建筑群落。

（3）如果建筑物本身在风格、造型等方面的特色不明显，那就将建筑物的形象放在一个相对次要的位置，甚至可以取消建筑物形象。

（4）在表现楼盘形象尤其是景观环境时，许多房地产广告会采用大画面、大视角，展现大片绿色，但其实与建筑细部能够体现建筑物形象一样，一些鲜活的细节，如一朵花、一滴露水、早晨的一缕阳光等也能够体现楼盘生机盎然的优美环境。

5) 广告标语

广告标语是整个房地产广告文案的精华，能够起到概括和提示广告内容、突出产品的特殊优势、激发消费者购买兴趣的作用。由于广告标语字数不多、语言简练，因而只需反映项目最主要的优势。一个项目即使有很多优势，一般也只选择其中最重要的一个来表现。

6）广告正文

广告正文是对广告标语所表现的项目特色与优势进行进一步介绍、说明和解释的文字。一则广告所包含的内容不能太多，否则不仅将造成版面拥挤，使广告宣传的重点不够突出，而且会降低读者的兴趣和注意力，影响总体宣传效果。

7）活动信息

活动信息通常包括开盘、促销等活动的信息。

2. 广告发布的媒体

广告媒体是房地产企业与目标消费群联系的中介，是信息传播的载体。

1）媒体类型

（1）印刷媒体。印刷媒体分为报纸、杂志、传单海报三种。

（2）视听媒体。视听媒体有电视、电台和网络平台三种。

（3）户外媒体。户外媒体包括路牌、灯箱、条幅、车厢等，一般布置在城市主要交通路口、人流汇集地、产品所在地及大型建筑物等处。

2）媒体的选择

（1）媒体选择应具有针对性。房地产企业在选择媒体发布广告前，应研究产品的特点，根据消费者的习惯及消费者心理特征进行选择。

据调查，阅读报纸的男性超过女性的一倍，而影视广告对女性的影响更大，因此可根据不同性别消费者的消费心理，在电视及视频网站中发布感性诉求广告，而在报纸上发布理性诉求广告。

（2）媒体应该综合运用。各种广告媒体各有特色，要取得更好的广告效果，应该综合运用各类媒体，在一个特定的广告时间段内向目标客户轮番进行信息宣传。

3. 广告发布的节奏

1）集中型节奏

集中型节奏是指广告主要集中于一段时间发布，在短时间内形成强大的广告攻势。其优点是在短时间内就能给消费者强烈而有效的刺激，但若广告未能达到预期效果，则很难进行补救。因此，广告发布时机的选择非常重要，如在项目开盘、楼盘封顶和项目竣工等节点发布就非常合适。

2）连续性节奏

连续性节奏是指在一定的时期内连续均匀地安排广告的发布，使项目广告反复在目标市场上出现，以达到逐步加深消费者对楼盘的印象的目的。其优点是能够不断刺激消费者，但由于广告费用有限，可能无法维持大规模、长时间的广告攻势。

3）间歇性节奏

间歇性节奏是指间断地进行广告发布的方式，它与连续性节奏的区别在于广告间隔的时间不是均匀分布的。

4）脉动型节奏

脉动型节奏是连续性和间歇性节奏的综合，即在一段时间内不断保持广告的发布，又在其中某些时机加大发布的力度，形成广告攻势的形式。

3.3.7 销售策划

房地产企业在开展营销推广工作时，必须结合楼盘销售的实际情况适时调整营销策略，这样才能做到以最低的成本获得最大的推广效果。其中重要的一点是要注意楼盘推广的周期规律，根据所处的销售阶段采取不同的营销措施。

3.3.7.1 预热期策划

项目预热阶段的推广策略主要是对整个项目的形象进行推广，让目标客户知道整个项目的主题概念和倡导的生活方式等。这个阶段是整个项目档次定位的重要阶段，是项目可持续发展的基础，因此要注重对整个项目形象的包装。这个阶段需要进行售楼处、楼书的设计及样板间的制作，配合适当的广告宣传，如有必要，还可以进行电子楼书的准备工作。

此阶段的推广工作是各阶段中相当重要的部分，应以扩大项目知名度和促进销售为目标，重点宣传开发商实力，为树立项目品牌做好铺垫，突出此项目的品味、档次和形象，也为后续价格的调整埋下伏笔。项目预热期的推广策略主要有高位切入策略和市场差异化策略。

1. 高位切入策略

高位切入策略是指用发放海报、制作楼书等形式，用领先周边市场的"高品质、高舒适度"的产品形态，进行项目的宣传，以区隔整个区域市场，形成"人无我有、人有我优"的优良产品形象，获取众口称赞的口碑效应。

2. 市场差异化策略

市场差异化策略是指企业为特定的顾客群提供独特的、优于对手的解决方案。特别是在房地产市场中，"物超所值"和"高人一等"的产品品质是打动消费者的利器，因此主题差异、产品差异在一定程度上可形成本项目的核心竞争力。

在项目预热阶段，房地产企业可以利用网络媒体进行宣传，申请微信、微博公众号，建立微信门户后，获得专属的微信二维码，然后将二维码应用到各种媒体中，让所有的媒体都成为收集客户的通道，提高广告转换率，并通过该渠道对项目的情况及各种优惠活动进行实时更新，旨在让客户尽可能到达现场，进行二次宣传，为本项目积累潜在客户群体，提高项目的认知度。

3.3.7.2 强销期策划

强销期一般在项目开盘至开盘后两个月内出现，此阶段项目销售已经进入高峰期，市场认可度很高，消费者接受度也随之提高，成交量呈上升趋势。在此阶段，销售总监要着力于项目策划，从而让销量更上一层楼。

1. 强销期的策划要点

1) 确定项目概念设计策略

所谓概念营销，是指着眼于消费者的理性认知与积极情感的结合，通过导入消费新观念来进行产品促销。其目的是使消费者形成对新产品及企业的深刻印象，建立起鲜明的功用概念、特色概念、品牌概念、形象概念、服务概念等，以便增强企业的竞争实力。

楼盘概念是指策划人对楼盘的一种思维的表现形式。在对楼盘的认识过程中，把能感觉到的关于楼盘的特点提炼出来，再加以概括，就可形成楼盘概念。楼盘概念要反映出楼盘的本质特征。楼盘的宣传推广要从概念与品质两方面发力——良好的概念可以吸引眼球，卓越的品质可以让买家心动。

2) 前期策略分析与方案调整

进行房地产的推广策划，需要针对项目所在区域进行竞品分析，以确定本项目的优劣势，明确目标客户群的定位，适时调整前期制定的推广策略。根据市场状况确定广告宣传策略及入市时机，开展一系列的公关活动，并制订一系列的广告监控计划。

2. 强销期的销售策略

在楼盘销售的强销期，应积极制定各种销售策略，以进一步提高楼盘的销量。

1) 调整销控放量

销控，即保留房源。一般的项目都会将一定比例的好房源留到项目销售后期。在楼盘营销的整个过程中，应该对可销售房源的数量进行控制，根据市场变化分时间段释放房源，当后期房产价格上升时再让好房源面市，这样可以取得比较好的经济效益。

2) 调整价格策略

在产品的营销过程中，基于市场情况的变化及企业自身目标的调整，需要对后续推出的房源价格进行适时的调整。

（1）直接的价格调整。

直接的价格调整就是直接提升或降低房屋价格。一般来说，价格上调，说明物有所值，买方需求旺盛。对于这样的正面消息，发展商是最希望客户尽快了解的，所以往往会进行大张旗鼓的宣传，并由此暗示今后价格上升的趋势，以吸引更多的买家尽快入场。与此相反，价格下调，则说明产品有这样或那样的缺陷，不为买家所看好，或者经济低迷，整个市场不景气。应该说，除非万不得已，房地产发展商通常不会直接宣布其楼盘价格下调，而会通过其他方式间接地让客户感受到价格优惠，以维护其正面形象。直接的价格调整有以下两种方式。

①调整基价。基价的调整就是对一栋楼宇的计算价格进行上调或下降，因为基价是制

定所有单元价格的基础，所以，基价的调整便意味着所有单元的价格都一起参与调整。

②差价系数的调整。在房地产实务中，通常会在基价的基础上通过制定不同的差价系数来确定不同套、单元房屋的价格。但不同房屋产品为市场所接纳的程度并不一定和我们原先预估的状况一致，在实际销售中，有时会出现原先预估受欢迎的产品实际上并不好卖，或者原先预估销量不佳的产品实际上却好卖的情况。

差价系数的调整就是根据实际销售情况，对原先设定的差价体系进行修正，将好卖单元的房屋差价系数调高一点，不好卖单元的房屋差价系数调低一点，以使各种类型单元的产品销售比例趋于均衡，适应市场对不同产品需求的强弱反应。

（2）调整付款方式。

改变付款方式对价格的调整是较为隐蔽的。付款方式的构成要件包括付款时间、付款比例、付款利息3个方面，而调整付款方式就是通过调整这三大要件来实现的。

①付款时间的调整。指缩短或拉长总的付款期限，以及将各个阶段付款时间向前移或向后移。

②付款比例的调整。指调整每个付款时段中应付款项的比例，使之前期高、后期低，或前期低、后期高，或各时段付款比例均衡。

③付款利息的调整。如"免息供楼""首期零付款"等策略实际上就是调整利息的例子。

在强销期，销售总监应做好阶段性销售工作总结，将前期收获的工作成果迅速传播，使客户知晓，并适当调整销售目标。

3．强销期的促销策略

在强销期，为配合销量达到顶峰，或在销售行情相对低落的时候创造又一个销售高潮，销售总监要制定各种促销方案。

1）细化价格

应对项目销售价格和促销策略作出相应的调整，制定价格时要细化到位置、楼层、结构。促销时房屋价格应保持在开盘基准价±3%的范围内。

2）强化项目自身条件

除了要巩固和开拓外围市场，还须强化项目自身。

3）寻找市场推广机会

要因地制宜地寻求最恰当的市场推广机会，适时地与中国传统的民风、民俗节庆日相结合推出项目。在宣传推广上，要充分地利用一对一促销来提升推广的实效。

4）加强对销售人员的组织和培训

销售总监应每月制订当月的销售培训计划，有效地组织和安排培训工作，加强项目的相关培训。

5）加强项目的宣传推广

这个阶段的宣传推广应将预热期的形象推广与实际楼盘的品质相结合，进一步深化项目主题，让消费者感受到宣传是真实可信的。

比如，可结合对园林的规划设计来宣传居住环境的清幽怡人，结合户型优势使消费者畅想未来的生活空间，结合社区内外的配套设施说明此处生活的方便快捷。这个阶段的推广应以广告推广和活动推广为主，广告推广主要用于积聚大量的人气，而活动推广可以丰富项目的主题，获得目标客户的认同。

3.3.7.3 持续期策划

当项目通过大规模广告及促销后，逐渐进入平稳的销售期，此阶段即为持续销售期。开盘后的剩余单元或是另推单元，就属于持续期的销售范围。持续期的销售阶段比较长，销售相对困难。

1. 持续期的推广策略

此时，项目进入成熟阶段，销量已经趋于平稳，客户消费行为明显理性化。而且由于持续期的项目销售总量剩余20%左右，大多数户型、位置较好的单元基本上都在前期销售一空，在这个阶段，销售部门应当结合剩余产品户型、位置和市场的实际情况制定新一轮的推广方案。

1）加强宣传推广的力量

持续销售阶段对整个项目销量的提升尤为关键，因此在这个阶段除了发布平面广告以外，还要开展大量的促销活动来支持。在广告宣传方面，应根据前一阶段的销售总结，针对已成交客户的某些需求特征，变化推广主题来吸引客户。开展活动推广，主要是为了在较长的持续销售期中保持项目的人气，并吸引前一阶段的准客户成交。

2）调整产品推广方案

在此阶段应多留意销售现场客户动向，在保证热销产品依然畅销的基础上，针对滞销产品及滞销原因作透彻分析，与策划部门沟通，针对项目销售情况及客户特点对之前的产品推广方案进行调整。

2. 持续期的销售策略

房地产企业在此阶段应总结前期销售状况，与策划部门针对竞争楼盘制定有效的销售策略，针对第一批推出单元的消极影响因素进行策略调整，吸引更多客户上门。

3.3.7.4 尾盘期策划

对于开发商来说，绝大部分尾盘都是沉淀的利润，尾盘销售的快慢多寡决定了一个项目的利润指标。在尾盘期，一般不以华丽的广告为主，而进行朴实的宣传。

项目进入尾盘期，房屋销售速度明显减缓，销售问题尤其突出，这就需要销售部门制定出切实可行的销售策略，以达成最终的销售目标。

1）寻找尾盘的优势

尾盘期时，销售部门要在项目的优势上做文章，将项目的优势转化为销售力。

2）改善产品的劣势

此阶段可针对项目的户型、采光等不足，作出一定的调整，如将过大的户型改成适中的中、小户型；通过一定的措施，解决房屋采光不足的问题。另外，应转变消费者"楼盘尾盘是烂尾楼"的看法，加强正确信息的传播并改善信息传播渠道。

3）寻找新的宣传推广途径

项目进入尾盘期后，产品数量较少，这决定了项目的推广费用不会太高，因此，宣传推广会受到很大的制约，应积极寻找新的宣传推广途径。

4）寻找新的销售途径

一般楼盘主要是靠项目营销中心或售楼部售出的，但是尾盘期的房量不多，而项目的销售也基本步入销售疲软期，看房的客户数量相对较少，因此必须寻找新的销售途径。比如，对于处于尾盘期的项目，可以直接与二手房中介合作，进行委托销售。

3.4 实习成果及要求

房地产营销策划实习成果包括文档形式的策划报告和展示 PPT。

3.4.1 房地产项目策划报告

由于各房地产项目的要求不同，因而项目策划报告并没有一成不变的格式。但从房地产项目策划活动的一般规律及房地产策划所要反映的问题来看，一份完整的房地产项目策划报告应该包括封面、目录、前言或摘要、正文及附录等组成部分。

1. 封面

房地产项目策划报告的封面应该主要包含以下信息。

（1）报告的标题。标题可以采用陈述式或提问式，陈述式的标题如"×××项目策划报告（书）"，提问式的标题如"×××项目如何提升品牌形象"。大多数报告标题采用陈述式，但提问式的标题更生动，更能吸引读者。

（2）报告的编制机构，最好标明策划机构的全称。

（3）报告完成或提交的日期。

（4）其他，如策划人员名单、联系方式以及相关的图片等。写明策划人员的名单及联系方式有助于相关人员在策划方案执行过程中与策划人员进行沟通与联系，也有助于增加策划人员的工作成就感和责任感。而在封面中配上与策划内容相呼应的照片、插图等，能起到加深读者印象的作用。

封面的内容虽然不多，不涉及具体的策划内容，也不反映策划报告的水平高低，但封面是一份策划报告的"门面"，是给策划报告使用人的第一印象，体现了策划机构的企业形象和策划人员的工作态度。因此，应该通过对封面底色、字体、版式等的设计给人以新颖、美观、整洁、大方的印象，以体现策划人员思维活跃、态度严谨的特征。

任何一份房地产项目策划报告都是基于特定时期的社会经济环境、特定区域的市场调查及项目本身的状况编制的，如果市场环境和项目本身的状况发生了很大变化，策划报告的结论、措施及建议等也要根据实际情况进行必要的调整，因此策划报告具有一定的时限性。为保证房地产项目策划报告的使用效果，增加报告的严谨性，并规避策划机构和策划人员面临的风险，建议在封面之后增加单独的扉页，供策划机构和策划人员作出必要的声明，如明确策划报告使用的有效期、某些策划结论的前提假设（制约条件）等。

2. 目录

设置目录的目的如下：一是使策划报告使用人对报告内容有一个宏观的了解；二是方便阅读和使用策划报告，尤其是在报告内容丰富的情况下；三是方便策划报告的编制人员检查策划报告有无结构问题。

目录标题应该有不同的层次。目录标题层次太少，如只有一级标题，会使报告使用人无法准确了解报告的主要内容，也会造成查阅的不方便；而标题层次太多，如设置三级以上标题，又会使目录内容繁杂、凌乱，增加查阅的难度。因此，通常设置到正文的二级标题。为查阅报告的方便，需要设置目录页码。目录中的标题及页码应该与正文中的相应内容对应，因此目录标题和页码最好能够根据正文相应内容的变化而更新。

3. 前言或摘要

前言主要包括策划机构和策划人员的致词、策划工作的主要内容、策划工作的简要过程、策划机构和策划人员对本策划活动的感受等内容。或者可以将扉页中有关声明的部分内容写在前言中，以表明策划机构和策划人员的态度。

房地产项目策划报告的篇幅通常很大，策划结论等报告使用人最为关心的问题往往分散在策划报告的不同部分，为使报告使用人快速了解本次策划活动的概况，需要在正文之前设置摘要。摘要是对报告正文的提炼和概括，主要包括策划的目的、策划的主要内容、主要的调查和分析方法、策划结论与建议四大部分。

撰写摘要时，策划报告的编制人员应仔细推敲、字斟句酌，确保摘要内容既全面完整，又言简意赅。全面完整：策划报告的使用人即使不通读整篇报告，也能大致了解本次策划的主要工作、报告的中心思想以及结论与建议。言简意赅：摘要不需要展开论述，只要将最主要的观点列出就可，字数通常不超过1000字。

4. 正文

正文是对策划工作的系统总结，是策划报告的主体。由于不同房地产项目的策划目标和任务不同，报告正文的组成内容也有所不同。从全程策划的角度看，一份完整的房地产项目策划报告的正文大致包括以下内容。

1）项目概况

在项目概况部分，应介绍项目立项背景、产品类型、开发规模、进度安排等。

2）策划目标

策划目标就是策划活动所要实现的目的，它是策划活动的委托人希望策划机构能够解决的问题，如实现项目的快速销售，或者改进项目的规划设计，或者树立项目品牌等。

3）市场策划

（1）市场调查。市场调查包括市场环境调查、消费者调查及竞争对手调查等方面。

市场环境调查包括宏观环境调查（国家层面）、中观环境调查（城市层面）和微观环境调查（项目层面）3个方面。

消费者调查包括消费者个人基本信息（性别、年龄、职业、原居住地、文化程度等）、经济状况、家庭结构、消费动机、消费偏好、消费时机、消费行为等方面。

竞争对手调查包括竞争企业调查和竞争项目调查2个方面。竞争企业调查内容主要包括企业基本状况、经营思想、管理模式、营销策略、开发业绩、资金实力、成本状况、土地储备、企业形象等；竞争项目调查内容主要包括竞争项目的区位情况、项目规模、规划建设条件（如容积率、绿地率等）、户型比例、配套设施、工程质量、开发团队、施工进度、交房时间、销售价格、付款方式、广告促销、销售情况、物业管理等方面。

（2）市场分析。市场分析在市场调查的基础上进行，包括市场供求情况分析和项目自身因素分析。

市场供求情况分析包括市场供给分析和市场需求分析。市场供给分析内容包括总供给量、供给结构（不同类型产品占总供给量的比例）、现有供给量和潜在供给量等方面。市场需求分析内容包括总需求量、需求结构、成交需求量和潜在需求量等方面。对成交需求量的分析应从各个区域板块和各种物业类型分别进行，对潜在需求量的分析主要运用人口和收入统计资料进行。进行市场需求分析时需要结合消费者调查的结果，进行必要的市场细分。

对项目自身因素的分析通常采用SWOT分析法，即分别从优势、劣势、机会和威胁几个方面对项目进行分析。进行项目自身因素分析时要结合竞争对手项目的情况来进行，从各个方面对本项目及周边竞争性项目的情况进行比较分析，在比较中明确本项目的竞争优势、不足及面临的机会与挑战，并据此制定相应的开发经营策略。

（3）市场定位。市场定位包括客户定位、主题定位、产品定位和价格定位等内容。

4）投资策划

完整的房地产项目投资策划应该包括房地产投资环境分析、项目经济评价、项目融资策划等内容，并以策划报告的形式展现。

（1）投资环境分析。房地产项目的投资环境包括社会环境、政治环境、法律环境、经济环境、文化环境、自然地理环境、基础设施环境及社会服务环境等内容。针对不同的房地产项目和不同的开发商，投资环境分析的侧重点应该有所不同。

（2）项目经济评价。房地产项目的经济评价包括项目成本费用与投资估算、项目销售与收入估算、项目开发资金的筹措、项目财务报表的编制及财务评价指标的计算等内容。如果项目规模巨大、情况复杂，可能还需要进行综合盈利能力和社会影响分析等工作。

（3）项目融资策划。项目融资策划包括融资方式的确定、融资渠道的选择、融资方案的编制等内容。

5）设计（产品）策划

（1）总体规划策划。房地产项目的总体规划策划包括项目平面布局策划、竖向设计策划、道路交通策划及管线设计策划等内容。平面布局策划包括对建筑单体平面布局和建筑群体平面布局的策划。竖向设计策划包括对道路、场地、广场、宅旁绿地等的策划。道路交通策划包括对居住区级道路、小区级道路、组团级道路（指上接小区路、下连宅间小路的道路）、宅间小路这四类道路的设计策划。管线设计策划包括对给水、排水、中水、燃气、热力、电力、电信等管道或管线的平面和竖向布置策划。

（2）建筑设计策划。建筑设计策划主要包括建筑风格、户型布局等策划内容。建筑风格可以从单体建筑物的色彩、造型、用材等方面体现出来。户型策划的内容包括户型种类、大小及其比例关系等。户型策划是目前建筑设计策划的重点和中心。

（3）景观环境策划。项目景观环境的内容非常丰富，主要包括绿化景观、道路景观、场所景观、水体景观、模拟景观及照明景观等，策划人员应该根据房地产项目的具体情况选择相应的内容进行策划并反映在策划报告中。

（4）配套公建策划。配套公建策划的内容包括商业设施、教育设施、文化设施、体育设施、医疗卫生设施、金融邮电设施、社区服务设施、行政管理设施及市政公用设施策划等。

6）营销策划

（1）营销渠道策划。需要确定房地产项目的渠道类型，如是采用直接营销渠道，还是代理营销渠道，或混合营销渠道。如果采用代理营销渠道，则需要明确如何选择代理商，如何确定代理价格，如何确定开发商与代理商之间的责任、权利、利益分配等内容。

（2）定价策划。首先，需要测算本项目产品的成本，并确定本项目的保本价格，以此作为制定其他价格的基础与依据；其次，根据本项目的定价目标，选择相应的定价策略和定价方法，确定本项目产品的售价；最后，结合本项目具体情况以及房地产市场的现状和发展趋势，制定价格调整策略，作为后续销售过程中价格调整的依据。

（3）广告策划。广告是最重要的房地产促销手段之一。房地产广告策划的内容包括广告目标、广告主题、广告诉求、广告内容、广告媒体的选择标准及选择方法、广告投放的节奏、广告预算，以及广告效果的评价方法等内容。

（4）促销策划。房地产项目促销的方式有很多，除了广告促销以外，还有人员推销、价格促销、公关促销以及其他销售促进措施等。比如，可以通过市场预热、内部认购、开盘庆典、降价或提价、公益事业等活动对房地产项目进行推广。

（5）形象策划。房地产企业或项目的市场形象除了通过房地产广告和促销手段来营造外，还可以从售楼处、售楼书、样板房、楼盘模型、工地现场及楼盘标识等途径来塑造。

此外，在策划报告正文中，除了文字内容以外，还可以采用表格、图像等形式来表示，尤其是对一些数据资料，采用图表形式更能体现其内在的规律，而建筑风格之类的内容采用图像来表示比文字说明更为直观和准确。

5. 附录

附录是对正文内容的补充，有时为了使正文内容简洁和精练，可以将内容庞杂的相关资料放在附录中，如市场调查的原始资料、相关的房地产法律法规及政策、项目的规划限制条件、建筑风格等图片资料、策划机构和策划人员的宣传资料等。附录的内容需要根据项目的具体情况和需要来确定，如果没有相关资料，也可以不设附录。

3.4.2 房地产项目展示 PPT

1. PPT 的基本要素

PPT 的基本要素包括图像、文字、声音、换页动画及人的解说这 5 项。其中图像和文字是 PPT 中最为重要的元素，它们反映出策划者的思维脉络，人的解说是跟着文图走的，背景音乐和换页动画等则是为了营造氛围而添加的辅助项。

2. PPT 图像的制作要求

便于展示图像是 PPT 区别于 Excel 和 Word 及其他办公软件的主要特点，所以制作 PPT 时要突出这个特点，并利用多种手法把图像的展示性发挥到极致。

PPT 图像的构成要素包括照片、图表、线条组合及色彩 4 项。

1）PPT 图像中照片的展示要求

PPT 图像中照片组合必须风格统一。在 PPT 中，应先明确照片组合是要显示主体还是辅助文字，确定好目的以后，就要调整照片的大小和布局。每张 PPT 要分清主次，多张照片之间的逻辑结构要有规律，如果它们之间是平行关系的话，那么占有空间的比例为 2∶1∶1 或 1∶1∶2 或 4∶2∶1∶1，照片组合的范围应该构成一个完整的长方形或正方形。

特别需要注意如下 3 点：①说明性辅助照片宜小不宜大，展示主画面占 PPT 的 1/3。②照片之间要留大约 1mm 缝隙，具体情况根据照片的组合而定。③照片信息不宜用太多的线条指示，每幅照片中为突出重点而加的指示圈和指示线条不宜超过3个（条），1个（条）最佳。

2）PPT图像中图表的制作要求

PPT图像中图表展示要清晰。一个PPT中，最好只有一个图表，因为图表的特点就是使复杂的问题简单化，所以要求图表一定要用简单的元素概述复杂的问题。如果问题太多，一个图表放不下，就用两张PPT分别表示，其余空白用文字填充。

在图表展示中，涉及文字时，一般标题用20号黑体，正文小标题用18号宋体，正文部分可以用14号或12号宋体（其他小字用12号或9号）。其他字体如华文细黑、微软雅黑、楷体可作为辅助字体，如小行说明文字为了区别正文可以用楷体。

图表中的数字，能用阿拉伯数字的不用汉字。一般情况下，标题要求居中，而其他数据要求左对齐或右对齐。表格外框线条应较粗，一般为1.5磅或2.5磅，内框线条较细，用0.75磅。为了图表和照片的搭配，图表边框可选择有色框或复线框。

3）PPT图像中线条组合的设计要求

PPT图像中的线条组合要美观。线条组合相当于绘画，所用线条要自然形成某种形状。线条要简洁，能和文字、图片有效结合，利于展示。

4）PPT图像中色彩的设置要求

PPT图像中色彩不能相差太大。整个PPT的图片感觉要统一，色彩不能相差太大，除非要强调两者的对比性。插入文本分两种色块，正文一般为灰色填充25%，标题为灰色填充50%或75%。外框根据需要而定，可有可无。每张PPT中应适当留白，内容不能太挤、太满。当然，空白太多视觉效果也会不佳，有种欠缺之感。一般来说，所有信息占有空间应是模板的80%~95%。

3. PPT声音的制作要求

声音包括背景声音和插入的视频、音频声音等。背景声音要小，不能超过解说人的声音，而插入的视频或音频声音要大，稍微超过解说人的声音即可。不管是为他人做PPT展示，还是自己解说，都要提前调试声音的大小。

4. PPT换页动画的制作要求

在PPT演示中，换页动画不能过于复杂，一般选择"从中间到左右"或者"由右向左""展开"等，应慎用飞入、旋转等大动作，以免干扰观众的注意力。

4

土地信息系统分析

4.1 实习目的

"土地信息系统"是一门重要的专业必修课,其主要任务是使学生在对土地信息获得感性认识的基础上,重点学习实现土地信息数字化的基本方法,接受 ArcGIS 制图技术的基本训练,培养学生独立制图、建立数据库和属性库的能力。通过实习,学生应理解土地信息系统的基本概念、体系,认识到土地信息数字化的重要作用,熟练地掌握 ArcGIS 制图技术,能够独自建立图形库和属性库,并能应用矢量数据进行空间分析。

4.2 实习过程

实习之前学生要充分熟悉《土地利用数据库标准》(TD/T 1016—2007)、《乡(镇)土地利用总体规划数据库标准》(TD/T 1028—2010)、《基本农田数据库标准》(TD/T 1019—2009)、《城镇地籍数据库标准》(TD/T 1015—2007)、《开发区土地集约利用评价数据库标准》(TD/T 1030—2010)等标准,并熟练使用 Office 办公软件,以及 CASS、CAD、ArcGIS、ArcGIS Pro 等制图与数据库软件。

实习以内业实践工作为主。在实习之前,教师应做好必要的准备工作,完成实习方案的策划和实习任务的安排。内业实习主要是安排学生上机实习,学生应在熟悉相关软件的基础上,完成规定的内业实习任务,并编写实习报告。

4.3 实习内容

4.3.1 ArcMap 基本操作

4.3.1.1 启动与退出

1. 启动 ArcMap

执行菜单命令:"开始"—"所有程序"—"ArcGIS"—"ArcMap"。当出现 ArcMap 对话框时,点击"一个新的空地图"单选按钮,然后点击"OK"确定。

在 ArcMap 中进行各种操作时,操作对象是一个地图文档。一个地图文档可以包含多个数据框架,数据框架根据数据集依次形成。地图文档存储在扩展名为".mxd"的文件中。

2. 退出

执行菜单命令"File"—"Exit",可以关闭 ArcMap。

4.3.1.2 检查要素图层

执行菜单命令"File"—"Open"。浏览包含练习数据的文件夹,然后点击"**.mxd",再点击"Open"按钮。

打开地图文档后,地图显示以图层表示的几种地理要素。一个图层表示某种专题信息。

ArcMap 窗口的左边区域称为图层控制面板,它显示的是图层列表。窗口的右边区域显示的是图层控制面板中各图层的图形内容。

4.3.1.3 显示其他图层

勾选某图层旁边的小方框,相关图层信息就会显示在地图中。

4.3.1.4 查询地理要素

在 ArcMap 中,通过在地图显示区点击某个要素可以查询其属性。

在工具栏上点击查询按钮。如果看不到工具栏,可以在菜单"Help"(帮助)右边的菜单栏上点击右键,然后点击"Tools"(工具)选项。

弹出查询结果窗口后,为方便查看,可将其移到较隐蔽的位置,同时可看到这个要素在地图上的位置。

在查询结果窗口中,若从"图层"下拉列表框中选择"所有图层",则将显示所有相关内容。通过在显示区内点击,可以继续查询其他要素。

4.3.1.5 检查属性

在浏览显示图层列表中某些图层的属性信息之前,需要先将 ArcMap 地图文档的显示区域重置为原来的显示区域。地图显示区域可以通过地图书签来定义。设置地图书签是为了防止地图显示变得混乱,它可以将地图恢复到原来的显示区域和显示风格。执行菜单命令:"视图"—"书签"—"Original"。

与图层相关的属性表窗口中的每一行数据都是一个记录,每个记录表示图层中的一个要素。图层中要素的数目(即数据表中记录的个数)被显示在属性表窗口的底部。

4.3.1.6 设置地图提示信息

地图提示以文本方式显示某个要素的某一属性。将鼠标指针置于某个要素之上时,将会显示地图提示。使用地图提示是获取指定要素属性信息比较简单的一种方式。

可以在图层属性对话框中设置地图提示信息来自数据表中的哪一个字段。用鼠标右键点击图层名称,然后点击"属性"命令,在出现的属性对话框中点击"字段"选项页,通过设置主显示字段来设定地图提示信息的对应字段,可以指定任一个属性字段作为地图提示字段。默认情况下,ArcGIS 使用字段"Name"作为地图提示字段,可以将其改变为其他的字段。

4.3.1.7 图层渲染

图层可以以单一符号进行渲染,每个要素都是同一种符号,也可以根据要素的属性来设置不同的渲染方式。

在图层列表中以鼠标右键点击某一图层,点击"属性"菜单命令,在出现的图层属性对话框中点击"符号"选项页,在对话框的左边区域,有地图渲染方式列表,点击"类别"—"唯一值",在"值字段"的下拉列表中选择字段,点击按钮"添加全部值",点击按钮"Apply"(应用),图层会根据属性字段的取值不同而采用不同的符号表示。在图层属性对话框的渲染方式列表中,点击"要素",然后点击"确定"按钮,即可恢复原先的渲染方式和显示风格。

4.3.1.8 选择要素

1. 按属性选择

在图层列表中,执行菜单命令"选择"—"通过属性选择"。在属性选择对话框中,构造一个查询条件,可以从数据库中找出选中的要素,并在属性表及地图中高亮显示。

2. 按空间关系选择

执行菜单命令"选择"—"通过位置选择"。在"位置选择"对话框中,通过选择操作,形成一个表达式选择要素,点击"应用"按钮,再点击"关闭"按钮,要素就会高亮显示出来。

4.3.2 ArcCatalog 数据库管理

4.3.2.1 打开地理数据库

当 ArcCatalog 打开后,点击"连接到文件夹",可建立与练习数据的连接(如"E:\ArcGIS\练习二\Excel2)。在 ArcCatalog 窗口左边的目录树中,点击上面创建的文件夹连接图标旁的"+"即可。

4.3.2.2 预览要素

在 ArcCatalog 窗口右边的数据显示区内,点击"预览"选项页,可切换到预览视图界面。在此窗口下方的"预览"下拉列表中选择"表格",可查看图层属性表。

4.3.2.3 查看元数据

在目录树中，选择地理数据库的要素类，切换到预览视图，点击工具栏上的放大按钮，将图层放大到一定区域，然后再生成并更新缩略图。这时，切换到内容视图界面下，并在目录树中选择要素集，查看方式更改为缩略图方式。注意，此时缩略图是放大之后的图片。点击"元数据"选项页，查看当前要素类的元数据，了解当前要素类是采用什么坐标系，有哪些属性字段及字段的类型等信息。在元数据工具栏中，从样式表中选择不同的样式，可以看到元数据显示的格式发生了变化。

点击元数据导出按钮，可以将元数据导出为多种格式，如 HTML 格式。打开这个 HTML 文件，可以查看导出后的元数据信息。

4.3.2.4 创建个人地理数据库

在创建地理数据库之前，应该完成数据库的概念设计，即每一个图层对应一个数据表，在 ArcCatalog 中"要素类"（Feature Class）的概念与之对应。同时可以将多个要素类组织成一个"要素集"（Feature Data Set），且在同一个要素集中的要素类都具有相同的地理参考坐标系。

在 ArcCatalog 的目录树中，定位到 E 盘，用鼠标右键单击 E 盘，在出现的菜单中，选择"新建"—"文件夹"，文件夹名称改为"myGDB"。右键选中这个文件夹，在出现的菜单中，点击"新建"—"个人地理数据库"，这时会创建一个名称为"新建个人 Geodatabase.mdb"的数据库文件。

导入要素类：用鼠标右键点击数据库文件，在出现的菜单中，选择"导入"—"要素类"，在出现的对话框中，打开要导入的要素即可。

新建要素集：用鼠标右键点击数据库文件，在出现的菜单中，选择"新建"—"要素集"，在出现的对话框中输入要素集的名称，点击"编辑"按钮为其指定一个坐标系，如设定坐标系为 GCS＿WGS＿2000。

新建要素类：用鼠标右键点击新建的要素集，在出现的菜单中选择"新建"—"要素类"，在出现的对话框中输入要素类的名称，点击"下一步"，再次点击"下一步"按钮，在出现的对框中选择"Shape"字段，将字段的几何类型修改为"点、线或面"。点击"下一步"按钮，在当前的对话框中设置数据类型，点击"完成"按钮。

新建数据表：用鼠标右键点击地理数据库，在出现的菜单中，选择"新建"—"表"，输入表的名称，点击"下一步"，再次点击"下一步"，在对话框中，添加字段，点击"完成"，结束对属性表的定义。

4.3.2.5 拖放数据至 ArcMap 中

启动 ArcMap，新建一个空的地图文档，通过拖放的方式将个人地理数据库数据添加到 ArcMap 中。

在 ArcCatalog 中，点击"内容"选项页，在目录树中，点击个人地理数据库，将要素类及属性数据表拖放到 ArcMap 中。关闭 ArcCatalog，激活 ArcMap 窗口。

4.3.2.6　编辑属性数据

在工具栏显示区的空白处点击右键，在出现的菜单中选中"编辑器"，从而打开编辑器工具栏。在编辑器工具栏中，点击"编辑器"下拉菜单，选择"开始编辑"命令。

在图层列表控制面板中，以右键选择图层，在弹出的菜单中选择"打开属性表"命令，将显示属性编辑窗口，可编辑属性数据。

在图层列表控制面板中，点击"数据源"选项页，切换到数据源视图下，以右键选择属性表，在出现的菜单中选择"打开"命令，将会显示属性编辑窗口。点击"编辑器"工具栏中的"编辑器"下拉菜单，选择"停止编辑"命令，可将以上所作的编辑结果保存。

4.3.2.7　导入 GPS 数据

通过各类手持 GPS 接收机采集到的数据可导入 ArcMap 中。启动 ArcMap，切换到数据源视图。点击"+"添加 GPS 数据，选择对应的 GPS 数据文件（可以是 txt 格式、dBase 格式等）。

执行菜单命令"工具"—"添加 XY 数据"，在"添加 XY 数据"窗口中，选择已添加的 X、Y 数据表，指定 X 坐标字段（东经）和 Y 坐标字段（北纬），点击"编辑"按钮，选择坐标系统。确定后，在地图显示区域中，就会根据 GPS 数据文件中采集的坐标信息创建点状的事件图层。

在图层控制面板中，以右键选中根据 GPS 数据文件生成的事件图层，在出现的菜单中，执行"数据"—"导出数据"命令，在导出数据对话框中，指定要导出的文件名称及存储位置，即完成了由 GPS 数据文件生成图层的过程。

4.3.3　影像配准及分层矢量化

4.3.3.1　影像配准

1. 加载数据

所有图件扫描后都必须经过扫描配准，应对扫描后的栅格图进行检查，以确保矢量化工作顺利进行。打开 ArcMap，添加"影像配准"工具栏。把需要进行配准的影像增加到 ArcMap 中，会发现"影像配准"工具栏中的工具被激活。

2. 输入控制点

在进行影像配准时需要知道一些特殊点的坐标，得到一些控制点，如公里网格的交点，可以从图中均匀地取几个点。一般在实际中，这些点应均匀分布。在"影像配准"工具栏上，点击"添加控制点"按钮，使用该工具在扫描图上精确地找一个控制点并单击，然后用鼠标右击，输入该点实际的坐标位置。用相同的方法，在影像上增加多个控制点（大于7个），输入它们的实际坐标。点击"影像配准"工具栏上的"查看链接表"按钮，检查控制点的残差和均方差（RMS），删除残差特别大的控制点并重新选取控制点。将转换方式设定为"二次多项式"。

3. 设定数据框属性

增加所有控制点，并检查均方差（RMS）后，在"影像配准"菜单下，点击"更新显示"。执行菜单命令"视图"－"数据框属性"，设定数据框属性。在"常规"选项页中，将地图显示单位设置为"米"。在"坐标系统"选项页中，设定数据框的坐标系统，使其与扫描地图的坐标系一致，更新后，数据框的坐标就变成真实的坐标。

4. 矫正重采样

在"影像配准"菜单下，点击"矫正"，根据设定的变换公式对配准的影像重新采样，另存为一个新的影像文件。加载重新采样后得到的栅格文件，并将原始的栅格文件从数据框中删除。通过上述操作便完成了影像配准工作。

4.3.3.2 分层矢量化

打开 ArcCatalog，在指定目录下单击鼠标右键，在"新建"中，选择"个人 Geodatabase"，并修改该 Geodatabase 数据库的名称（例如 *.mdb）。

下面为该 Geodatabase 创建新的要素类，如创建一个"等高线"要素类来存储等高线要素。在 ArcCatalog 中，以鼠标右击个人 Geodatabase，在"新建"中选择"要素类"，输入创建的要素类的名称"等高线"，点击"下一步"，为数据定义坐标系统、空间范围、存储要素类型，还可以增加属性字段。点击"Shape"字段，对话框中将显示详细的选项，点击"几何类型"，并将要素类型选择为需要类型。

点击"空间参考"选项后面的按钮，在"空间参考属性"对话框中的"坐标系"选项页下，选择合适的坐标系统，点击"选择"按钮。再点击"X/Y 域"选项页，定义存储的空间范围，考虑纸制地图的空间范围，还要考虑到将来工作中还会出现的最大的空间范围。

为确定这个区域（X、Y 的最小值和最大值），可以切换到 ArcMap 中，点击"绘制"工具栏上的"矩形框"按钮，在地图显示区中画一个矩形，使区在更大范围内包含已配准的栅格地图。右键选中这个矩形框，设置"属性"，将填充色设置为"无"。

在矩形框属性的"大小和位置"选项页中，可获取矩形框左下角和右上角的坐标（X，Y），将这里获取的 X、Y 值分别填入上面"空间参考属性"对话框的"X/Y 域"选项页"最小 X""最小 Y""最大 X""最大 Y"输入框中，为创建要素类定义正确的坐标系统和空间范围。点击"完成"，就创建了一个线状的要素类。

切换到 ArcMap 中，将新建要素图层加载到包含已配准地形图的数据框中，保存地图文档为 *.mxd。打开"编辑器"工具栏，在"编辑器"下拉菜单中执行"开始编辑命令"，并选择前面创建的要素类，确认编辑器中任务为"新建要素"。将地图放大到合适的比例下，进一步熟悉有关要素的其他操作，比如线段合并、线段分割、编辑顶点等。

4.3.4 空间数据处理

4.3.4.1 裁剪要素

在 ArcMap 中添加数据，激活 Clip 图层。选中 Clip 图层中的一个要素，点击打开 ArcToolbox，指定输出要素类路径及名称、输入要素类路径及名称和剪切要素，根据要素数量重复以上的操作步骤，操作完成后将得到多个图层。

4.3.4.2 拼接图层

在 ArcMap 中新建地图文档，加载要素，点击打开 ArcToolbox，在 ArcToolbox 中执行"追加"命令，设置输出要素类和输入要素类，以右键点击图层，在出现的右键菜单中执行"数据"—"导出数据"命令，即可将多个图层拼接成一个图层。

4.3.4.3 要素融合

执行"融合"命令，输入要素类，指定融合字段，将根据这个字段的值对要素进行融合，相同的要素将合并成一个要素。

4.3.4.4 图层合并

在 ArcMap 中新建一个地图文档，加载两个数据，打开 ArcToolbox，在 ArcToolbox 中执行"联合"命令，在联合对话框中设置输入要素类和输出要素类即可完成图层合并。

4.3.4.5 图层相交

在 ArcToolbox 中，执行"相交"命令，在"相交"对话框中设置输入要素类和输出要素类即可实现图层相交。

4.3.4.6 定义投影

在 ArcMap 中新建地图文档，添加图层，用右键点击图层，查看其属性，在属性对话框中点击"坐标系"选项页，查看图层坐标系，然后打开 ArcToolbox，执行"定义投影"命令。在"定义投影"对话框中，选择要素类，点击坐标系输入框右边的按钮，在出现的"空间参考属性"对话框中选择一个地理坐标系，点击"选择按钮"，可从预定义的坐标系中选择。

4.3.4.7 投影变换

打开 ArcToolbox，执行"定义投影"命令，在"定义投影"对话框中，依次设定输入要素类和输出要素类，输出坐标系即可实现投影变换。

4.3.5 空间分析基本操作

4.3.5.1 查看栅格数据

在 ArcMap 中，新建一个地图文档，加载栅格数据，用右键点击图层以查看属性，在图层属性对话框中点击"数据源"选项，可以查看此栅格图层的相关属性及统计信息。打开"空间分析"工具栏，点击图标，查看栅格数据的统计直方图。新建 ArcMap 地图文档，加载离散栅格数据，以右键点击"打开属性表"，查看字段"Count"，可以看到每种地类所占栅格单元的数目。

4.3.5.2 栅格裁剪

在 ArcCatalog 下新建一个要素类，在 ArcMap 中，加载栅格数据，打开编辑器工具栏开始编辑，根据要剪切的区域，绘制一个任意形状的多边形。打开属性表，将多边形的字段"ID"值修改为 1，保存修改，停止编辑。打开空间分析工具栏，执行命令"空间分析"—"转换"—"要素到栅格"，选择"空间分析"—"栅格计算器"，构造表达式，通过栅格计算器执行栅格图层和用以剪切的栅格之间的相乘运算，得到的结果即是以任意多边形剪切的数据。

4.3.5.3 栅格重分类

通过栅格重分类操作，可以将连续栅格数据转换为离散栅格数据。操作方法是在 ArcMap 中，新建地图文档，加载栅格数据，打开"空间分析"工具栏，执行菜单命令"重分类"。

4.3.5.4 栅格计算

执行命令"空间分析"—"栅格计算器"，即可实现栅格计算。

4.3.5.5 面积制表

打开 ArcToolbox，执行"SpatialAnalystTools"—"Zonal"—"面积制表"命令，指定分区数据并输入栅格数据，得到交叉面积数据表。

4.3.5.6 分区统计

在 ArcMap 中新建地图文档,加载栅格图层,打开 ArcToolbox,执行 "SpatialAnalystTools" — "Zonal" — "区域统计到表"命令,指定参数,确认后得到数据表。点击数据表中的"选项"按钮,执行"创建图形"命令,根据向导提示,设定参数生成统计图表。

4.3.5.7 缓冲区分析

添加缓冲区向导到菜单中,在 ArcMap 中,执行命令"工具"—"定制"。在左边的目录列表框中选择"工具",在右边的命令列表框中选择"缓冲区向导",将"缓冲区向导"图标拖放到菜单"工具"中,或者拖放到一个已存在的工具栏上。

新建地图文档,加载图层,执行菜单命令"选择"—"通过属性选择",构造表达式,执行"工具"菜单中的"缓冲区向导"命令,或点击"缓冲区向导"图标,打开缓冲区向导对话框,通过缓冲区向导建立缓冲区。

4.3.5.8 空间内插

空间插值常用于将离散点的测量数据转换为连续的数据曲面,以便与其他空间现象的分布模式进行比较,它包括空间内插和空间外推两种算法。空间内插算法是一种通过已知点的数据推求同一区域其他未知点数据的计算方法;空间外推算法则是通过已知区域的数据,推求其他区域数据的方法。

新建地图文档,加载图层,打开"空间分析"工具栏,执行菜单命令"空间分析"—"内插成栅格"—"样条",在样条函数内插对话框中,确定指定参数后得到内插图。

4.3.5.9 栅格单元统计

打开"空间分析"工具栏,执行菜单命令"空间分析"—"像素统计",即可对栅格单元进行统计。

4.3.5.10 邻域统计

邻域分析也称为窗口分析,主要应用于栅格数据模型。地理要素在空间上存在着一定的关联性。对于栅格数据所描述的某项地理要素,其中的(I,J)栅格往往会影响其周围栅格的属性特征。准确而有效地反映这种事物空间上联系的特点,是计算机地学分析的重要任务。窗口分析是指对于栅格数据系统中的一个、多个栅格点或全部数据,开辟一个有固定分析半径的分析窗口,并在该窗口内进行诸如极值、均值等一系列统计计算,从而实现栅格数据有效的水平方向扩展分析。在 ArcMap 中,邻域统计功能所支持的各类算子包括多数(Majority)、最大值(Maximum)、均值(Mean)、中值(Median)、最小值（Minimum）、少数（Minority）、范围（Range）、标准差（Standard Deviation）、总数（Sum）、变异度（Variety）、高通量（High Pass）、低通量（Low Pass）、焦点流（Focal Flow）。

在 ArcMap 中新建地图文档，加载栅格数据，打开"空间分析"工具栏，执行"邻域统计"命令，指定参数，将得到一个经过邻域运算操作后的栅格。

4.3.6 地图版面设计

4.3.6.1 渲染图层要素

在 ArcMap 中新建地图文档，加载空间分析扩展模块及空间分析工具栏，加载图层，右键点击图层，执行"属性"命令，在出现的图层属性对话框中，点击"符号"选项页，设置渲染参数，选择"类别"—"唯一值"，设置字段值，点击"添加全部值"按钮，取消对"所有其他值"的勾选。点击符号列，然后选择"全部符号属性"命令，在符号选择器中，设置轮廓线颜色。点击"显示"选项页，设置图层透明度。

4.3.6.2 标注图层要素

右键点击图层，执行"属性"命令，在出现的图层属性对话框中，点击"标注"选项页，确认标注字段，点击"符号"按钮。在符号选择器对话框中，设置标注字体大小，点击"属性"按钮。在编辑器对话框中，点击"掩模"选项页，设置大小。连续三次点击"确定"后退出以上对话框，返回 ArcMap 视图界面。

4.3.6.3 渲染—分类渲染

右键点击图层，执行"属性"命令，然后在图层属性对话框中点击"符号"选项页，设置渲染方式，点击"分类"按钮可选择不同的分类方法。

4.3.6.4 创建地图版面

在 ArcMap 中，切换到布局视图界面，执行菜单命令"文件"—"页面和打印设置"，在对话框中设置纸张大小和方向。设置完成后，可以看到在布局视图界面下，地图版面已变化，且当前数据框已经添加到地图版面中。通过当前数据框中的"大小和位置"选项页，可以精确设置数据框在地图版面中的位置或大小。在版面视图界面下，用右键点击"数据框"，然后执行"属性"命令，同样可以打开设置窗口，通过"框架"选项页可在当前数据框周围添加图框，并设置图框的式样。通过标准工具栏上的"放大、缩小、平移"按钮，可以调整地图版面中数据框的显示比例、范围。

4.3.6.5 添加制图元素

在地图版面中可插入统计图表，根据属性数据生成统计图表（类似 Excel 电子表格软件的操作），然后插入到地图版面中。

文字：执行菜单命令"插入"—"标题"，修改地图标题的属性，设置合适的字号、字体。

图像：执行菜单命令"插入"—"图像"，可调整图像大小及位置。

比例尺：执行菜单命令"插入"—"比例尺"，可以选择比例尺样式，并设定比例尺参数。

图例：通过执行菜单命令"插入"—"图例"，可以向地图版面中加入图例，使用"图例向导"设置图例各种参数。

指北针：通过执行菜单命令"插入"—"指北针"，可以向地图版面中加入指北针。

数据表：如果要将数据表添加到地图版面中，可以先将数据表打开，然后在数据表浏览窗口中点选项，在出现的右键菜单中执行"把表加到布局中"命令，可以通过图层属性对话框或属性表属性对话框设置可见字段或别名。

4.3.6.6 输出地图

制作好的地图可以导出为多种文件格式，如 JPG、PDF 等。执行菜单命令"文件"—"输出地图"，如果要进行出版印刷可以通过 ArcGIS 内置的 ArcPress 实现分色打印。

4.4 实习成果及要求

1. 实习成果

实习成果为土地利用数据库，数据库的地图投影与分带采用"高斯-克吕格"投影和国家标准分带，坐标系统采用"2000 国家大地坐标系（CGCS2000）"，高程基准采用"1985 国家高程基准"。

数据库结构定义应符合以下基本规则：①图层名称以中文命名，一般采用全称，名称较长时可采用关键字名称。②属性表名称以字母命名，一般采用全称的汉语拼音首字母，名称较长时可采用关键字的汉语拼音首字母。若属性表名称重复，应对其中一个名称进行调整。③对属性数据结构字段类型进行描述时，Char 表示字符型，Float 表示双精度浮点型，Int 表示长整型。

空间要素属性数据结构字段名称中，行政区代码、行政区名称是考虑数据管理及应用需要的基础字段，在无特殊注明要求时，默认填写到市级行政区；若地方行政区划管理制度存在特殊情况，可根据实际情况填写并在图层备注中说明。

实习提交的数据库成果在命名时应符合以下要求：①主文件名采用 15 位字母-数字型代码，位数不足的数字码用"0"补足。扩展文件名因文件格式不同而不同——矢量数据为 VCT，数字正射影像图为 TIFF，数字栅格地图为 RAS，数字高程模型为 DEM，元数据为 XML，附加信息文件和头文件为 TXT。②专业代码采用 2 位数字码，土地专业码为 20。③业务代码采用 2 位数字码，国土空间规划业务为 90。④比例尺代码采用 1 位字符码。⑤年代代码采用 4 位数字码。⑥县（市）行政区划代码采用 6 位数字码，可在国家标准《中华人民共和国行政区划代码》（GB/T 2260—2007）查询。

2. 考核方式

学生实习完成后，会对其考勤、实习纪律、方案完成、数据库制作方面的表现进行评价，根据各项得分及占比，得出实习分数。

（1）考勤得分一般占实习分数的 10%，实习纪律得分占实习分数的 10%。

（2）分组完成的数据库和图件制作技术方案，其得分一般占实习分数的 10%，此项主要用于考查团队合作能力。

（3）数据库的制作占实习分数的 70%，评分标准如下：一是数据库是否满足国家相关规程，占实习分数的 5%；二是依据数据库制图是否符合行业规范，占实习分数的 10%；三是数据库编制和数据分析成果，占实习分数的 55%，其中数据库编制部分约占 35%，数据分析部分约占 20%。

5

实习(实训)报告撰写

5.1 目的与要求

5.1.1 目的

实习（实训）报告撰写是要求学生综合运用已学的基本知识和基本技能，分析、论证、综述与本专业有关的课题，解决实际问题和某些理论问题，以获得科学研究方法的初步训练。通过实习（实训）报告撰写，可以进一步培养学生调查研究、检索和阅读中外文文献资料的能力。实习（实训）报告撰写是培养学生创新意识和创新能力、提高综合素质的重要教学实践环节。

5.1.2 要求

1. 指导教师资格

实习（实训）报告采用实习指导教师负责制。实习指导教师由获得讲师及以上职称或硕士及以上学历，且没有发生过抄袭、剽窃、造假等学术不端行为的教师担任。

2. 指导教师任务

（1）教师指导实习（实训）的人数一般为4～8人，提供的实习（实训）任务须是与专业实习和社会实践有关的重点问题，选题确定后向学生下达《实习（实训）任务书》。

（2）教师应严格要求学生，坚决杜绝抄袭、作弊现象；加强对学生独立工作能力、分析解决问题能力和创新能力的培养。

（3）教师应指导学生按实习（实训）报告规范格式撰写报告正文，并在报告书中撰写200字左右的审核意见。意见应包含三方面内容：①实习（实训）报告写作思路是否清晰、完整，是否符合逻辑；②野外探勘、调查及文献资料收集是否充分，时间、进度安排是否合理；③报告存在的问题和不足等。

（4）在实习过程中，教师应适当进行集中答疑与指导，检查学生的实习（实训）进度和质量，评点学生的实习（实训）报告初稿，填写指导教师意见，初步评定成绩。

3. 学生任务

（1）学生应充分认识实习（实训）报告撰写的重要性，在规定时间内全面完成实习（实训）的各项工作，争取完成优异报告。

（2）学生应在充分调研的基础上编写实习（实训）报告，认真做好资料整理；主动接受教师的检查，定期汇报工作进程，听取教师对工作的意见和指导。

（3）学生应在实习（实训）报告撰写工作中充分发挥主动性和创造性，树立实事求是的科学作风，杜绝抄袭、剽窃等学术不端行为。

5.2 实习（实训）报告内容

5.2.1 前置部分

实习（实训）报告的前置部分包括中文题目、中文摘要与关键词、英文题目、英文摘要与关键词、目录。

（1）封面格式：必须符合学校要求，封面上的实习报告题目必须与扉页上的题目一致。

（2）题目：题目应该简短、明确、有概括性，一般不超过 20 个字。通过题目，能大致了解实习（实训）报告内容、学科范畴和专业特点。题目字数要适当，必要时可加副标题。学生实习（实训）报告可一人一题或分组编制，而且选题要符合专业实习或社会实践培养目标。

（3）摘要：摘要必须是对全文内容的高度概括，应反映出实习（实训）报告的内容、方法、成果和结论，不能过于简略。摘要不分段，摘要中不宜使用公式、图表，不标注引用文献编号。它分中文摘要和外文摘要两部分。中文摘要不少于 400 字，外文摘要以 300 词左右为宜，符合英语语法，无语言错误，语句通顺，文字表达自然流畅。中文摘要应与英文摘要内容一致，并且语句通顺，文字流畅。

（4）关键词：关键词是供检索用的主题词条，应采用能覆盖实习（实训）报告主要内容的通用词条。关键词一般为 3~5 个，按词条的外延层次排列，外延大的排在前面。英文关键词应与中文关键词一致。关键词之间用分号分开，最后一个关键词后不加标点符号。

（5）目录：以实习（实训）报告内容的先后为序，按段落标题编写，要求标题层次清晰。目录中的标题要与正文中标题一致，目录中应包括引言或绪论、主体、结论、尾注、附录、参考文献等。目录中的页码要与正文中的页码一致。

5.2.2 正文部分

实习（实训）报告正文是实习（实训）报告文本的核心部分，一般应包括引言、主体、结论等部分。

（1）引言或绪论：引言或绪论一般作为第一章，应对与实习相关的国内外文献进行综述。其主要内容包括实习背景及目的、国内外研究状况和相关领域中已有的成果、尚待进一步研究和解决的问题及研究方法等。

（2）主体：主体是实习（实训）报告正文的主要部分，要求结构合理、层次清楚、重点突出、文字简练通顺，无科学性错误。凡引用、转述、参考他人的成果或资料，均须注明出处。实习（实训）报告中的章、节、条、款各级标题要突出重点、简明扼要。标题中尽量不采用外文缩写词。正文的层次应根据实际需要而定。

（3）结论：结论单独作一章。结论是对实习（实训）报告的总结，要求精炼、准确地概述全文的主要观点。

5.2.3 后置部分

实习（实训）报告的后置部分包括尾注、附录及参考文献。

（1）尾注：要与正文中顺序一致。

（2）附录：对于一些不宜放入正文中，但又不可缺少或有重要参考价值的内容，可编入实习（实训）报告的附录中。正文中要标出每个附录的名称及序号。如果实习（实训）报告包含附录，要按照正文中标示的顺序，将其放在正文之后、参考文献之前。

（3）参考文献：实习（实训）报告撰写应本着严谨求实的科学态度，凡有引用他人成果之处，均应按照标准格式进行标注。在实习（实训）报告撰写中，原则上参考的外文文献应不少于2篇。

5.3 实习（实训）报告格式要求

实习（实训）报告要求由学生本人录入、编排并双面打印在A4幅面的白纸上。

1. 文字和字数

实习（实训）报告用中文撰写，字数不少于8000字。

2. 字体

中文应用宋体，英文和数字用Times New Roman体。

3. 字号

实习（实训）报告题目用三号字，各章标题用四号字，其他标题及正文用小四号字，页码用五号字。

4. 封面

实习（实训）报告封面一律使用学校统一设计的封面。

5. 实习（实训）报告页面设置

1) 页边距、行间距及页眉

上边距为3cm，下边距为2.5cm，左边距为3cm，右边距为2.5cm。

行间距为 22 磅，须设置页眉。

2）页码的设置要求

实习（实训）报告前置部分的封面不编页码。目录、中英文摘要等页面用罗马数字单独编页码，页码位于页面底端居中。

实习（实训）报告正文部分与附录部分的页码用阿拉伯数字连续编排，页码位于页面底端居中。

6. 摘要与关键词字体、字号

中文的"摘要"与"关键词"几个标示字为四号黑体；英文的"摘要"与"关键词"几个标示字为四号 Times New Roman 体。中文摘要内容与具体的关键词为小四号宋体；英文摘要内容与具体的关键词为小四号 Times New Roman 体。

7. 数字

除习惯用中文数字表示的以外，一般均采用阿拉伯数字。年份一概写全数，如"2010 年"不能写成"10 年"。

8. 表格

表格应有表序和表题，并应在文中引出，例如"如表 1.1 所示"或"见表 1.1"。

表序一般按章编排，如第一章第一个表的序号为"表 1.1"等。表序与表名之间空一格，表名中不允许使用标点符号，表名后不加标点。表序与表名置于表上居中。

表头设计应简单明了，尽量不用斜线；表头与表格为一整体，不得拆开分布于两页。

表中数据应正确无误，书写清楚。数字空缺的格内加一字线（占 2 个字符），不允许用"〃"或"同上"之类的写法；表内文字一律用五号字体。

表中若有附注时，用五号字体写在表的下方，句末加标点。仅有一条附注时写成"注：……。"有多条附注时，附注各项的序号一律用阿拉伯数字，例如"注 1：……。"

9. 注释

实习（实训）报告中有个别名词或情况需要解释时，可加注释说明。

注释号在文中采用右上标注的方式。注释一律用尾注，即将全部注文集中在文章末尾。注释的注号左空 5 格，并用数字表示，如［1］，［2］，……，应与正文中的指示序号和格式一致，具体内容用五号字。注释号亦可以采用（著者姓名，出版年）的方式，文献一律放于文章末尾，按著者姓氏字母先后排序。

10. 附录

实习（实训）报告的附录依序用大写正体 1，2，3……编序号，如"附录 2"。附录中的图、表、公式等另行编序号，与正文分开，也一律用阿拉伯数字编码，但在数码前冠以附录序码，如"图 11""表 12"等。

11. 实习（实训）报告打印与装订

实习（实训）报告按以下顺序排列装订：①封面；②400字左右的中文摘要；③与中文摘要内容相同的英文摘要；④目录；⑤正文；⑥附录；⑦参考文献；⑧教师指导记录及工作总结。

12. 学生须上交实习（实训）报告完整纸质稿、Word、PDF电子文档各一份

（1）实习（实训）报告成绩的评定必须依照学院相关规定，从严要求；成绩采用五级记分制（即优秀、良好、中等、及格、不及格）；指导教师评定成绩、写出评语。

（2）实习（实训）报告可组织若干汇报小组（3~5位教师），对实习（实训）报告分小组进行汇报和评分。

（3）汇报安排一般为：学生先汇报实习（实训）报告主要内容、实习方法和价值（不超过10分钟），然后回答提问（不超过15分钟）。实习（实训）报告必须用中文汇报并提交PPT。

（4）成绩为"优秀"的学生比例应不超过总人数的15%，成绩为"良好"的学生比例一般应在总人数的45%左右。

附录 1　国土空间规划地类划分

土地类别	类型编码	类型名称	类型编码	类型名称
农用地	0101	水田	0301	乔木林地
	0102	水浇地	0302	竹林地
	0103	旱地	0303	红树林地
	0201	果园	0304	森林沼泽
	0202	茶园	0305	灌木林地
	0203	橡胶园	0306	灌丛沼泽
	0204	其他园地	0307	其他林地
	0401	天然牧草地	1006	农村道路
	0402	沼泽草地	1103	水库水面
	0403	人工牧草地	1104	坑塘水面
	1202	设施农用地	1107	沟渠
	1203	田坎		
建设用地	0501	零售商业用地	0801	机关团体用地
	0502	批发市场用地	0802	新闻出版用地
	0503	餐饮用地	0803	教育用地
	0504	旅馆用地	0804	科研用地
	0505	商务金融用地	0805	医疗卫生用地
	0506	娱乐用地	0806	社会福利用地
	0507	其他商服用地	0807	文化设施用地
	0601	工业用地	0808	体育用地
	0602	采矿用地	0809	公用设施用地
	0603	盐田	0810	公园与绿地
	0604	仓储用地	1001	铁路用地
	0701	城镇住宅用地	1002	轨道交通用地
	0702	农村宅基地	1003	公路用地
	0901	军事设施用地	1004	城镇村道路用地
	0902	使领馆用地	1005	交通服务场站用地
	0903	监教场所用地	1007	机场用地
	0904	宗教用地	1008	港口码头用地
	0905	殡葬用地	1009	管道运输用地
	0906	风景名胜设施用地	1109	水工建筑用地
	1201	空闲地		

附录1（续）

土地类别	类型编码	类型名称	类型编码	类型名称
未利用地	0404	其他草地	1204	盐碱地
	1101	河流水面	1205	沙地
	1102	湖泊水面	1206	裸土地
	1105	沿海滩涂	1207	裸岩石砾地
	1106	内陆滩涂	1108	沼泽地
	1110	冰川及永久积雪		

附录2　国土综合整治与生态修复实施方案提纲（仅供参考）

一、基本情况
  （一）项目概要
    1. 区域概况
    2. 地理位置
    3. 水文地貌
    4. 行政区划
    5. 建设规模
    6. 投资估算
    7. 实施期限
    8. 效益情况
  （二）项目区现状分析与评价
    1. 人口与社会经济状况
    2. 产业条件分析
    3. 生态环境状况
    4. 文化资源现状
    5. 周边旅游情况
    6. 已实施建设项目情况
  （三）存在的问题

二、项目背景
  （一）背景
  （二）项目提出过程及理由
  （三）项目建设的必要性
  （四）项目建设的可行性
  （五）项目实施路径
    1. 总体目标
    2. 总体思路
    3. 总体设想
    4. 发展原则
    5. 形象主题
    6. 功能融合
    7. 产业链
    8. 支撑体系

三、原则与依据
    （一）实施原则
    （二）编制依据

四、工作目标
    （一）总体目标
    （二）定量目标
        1. 空间格局优化目标
        2. 村庄建设目标
        3. 耕地与永久基本农田保护目标
        4. 生态保护目标
        5. 产业发展目标
        6. 基础设施及公共服务设施建设目标
        7. 人居环境整治目标

五、主要工作内容
    （一）空间布局优化
        1. 农业生产空间优化
        2. 生态用地空间优化
        3. 建设用地空间优化
    （二）功能分区划定
    （三）功能分区规划
    （四）产业发展策略
    （五）整治内容
    （六）项目安排
        1. 农田生态整治项目
        2. 耕地占补平衡项目
        3. 耕地提质改造（旱改水）项目
        4. 低效茶园提质改造项目
        5. 水库生态修复与景观提升项目
        6. 生态保育、植树造林项目
        7. 矿山生态修复及复垦项目
        8. 居民点拆迁及建设用地复垦项目
        9. 村庄环境整治项目
        10. 产业项目

六、土地权属调整
    （一）土地权属现状
    （二）权属调整原则和程序

（三）权属调整初步方案

七、资金测算

    （一）测算依据

    （二）测算方法

    （三）项目投资

    （四）资金筹措方案和保障措施

八、实施计划

    （一）总体计划

    （二）年度建设计划

    （三）年度投资计划

九、实施保障与措施

    （一）组织保障

    （二）资金保障

    （三）制度保障

    （四）生态保障

    （五）监管措施

    （六）信息化平台建设

十、推进乡村善治与体制改革

    （一）提升乡村善治水平

    （二）探索宅基地激活机制

    （三）探索土地资源流转机制

    （四）探索合理的利益联结机制

    （五）探索"资金池"机制

    （六）实施农村体制改革项目

十一、效益分析

    （一）经济效益

    （二）社会效益

    （三）生态效益

主要参考文献

国土资源部,2010.开发区土地集约利用评价数据库标准:TD/T 1030—2010[S].北京:中国标准出版社.

国土资源部,2011.土地复垦方案编制规程 第1部分:通则:TD/T 1031.1—2011[S].北京:中国标准出版社.

国土资源部信息化工作办公室,2007.土地利用数据库标准:TD/T 1016—2007[S].北京:中国标准出版社.

国土资源部信息化工作办公室,2008.城镇地籍数据库标准:TD/T 1015—2007[S].北京:中国标准出版社.

华南理工大学测量教研室,2002.建筑工程测量[M].3版.广州:华南理工大学出版社.

全国国土资源标准化技术委员会,2017.土地利用现状分类:GB/T 21010—2017[S].北京:中国标准出版社.

全国自然资源与国土空间规划标准化技术委员会,2023.地籍调查规程:GB/T 42547—2023[S].北京:中国标准出版社.

詹长根,唐祥云,刘丽,2005.地籍测量学[M].2版.武汉:武汉大学出版社.

中华人民共和国国土资源部,2012.高标准基本农田建设标准:TD/T 1033—2012[S].北京:中国标准出版社.

中华人民共和国国土资源部,2013.土地整治项目制图规范:TD/T 1040—2013[S].北京:中国标准出版社.